看漫畫讀懂

マンガでわかる行動経済学

行為經濟學

人一點也不理性，
扭轉你的思考偏誤，做出聰明好選擇

監修
川西 諭

漫畫
星井博文
松尾陽子
MICHE Company LLC

陳維玉／譯

前言

簡單地說，「行為經濟學」是「以研究人類實際行為為基礎的經濟學」。各位能充分理解自己的行為舉止嗎？我很不好意思地說，我無法理解自己的行為。身而為人，原本自以為很理解人類的行為舉止，但愈深入研究行為經濟學後，才發現自己幾乎不理解人類的行為。

各位可能也不是很了解自己。如本書所述，人類經常在不經思考的狀況下行動，甚至自己也未曾發覺這件事。接受並包容這種「無知」、謙卑的探討人類行為，正是學習行為經濟學的開始。在繼續閱讀本書的過程中，各位將能更深入理解自己的行為以及周遭人們的舉動。

而且，請務必善用所學。根據各種調查顯示，許多人都有自卑和人際關係的困擾，而這些問題都來自人類的行為。多數人會有這種煩惱，是因為無法理解問題的根本原因。一旦理解原因，就會明顯減少煩惱和焦慮的情況，也將能夠積極思考如何應對。

行為經濟學不僅用於解讀令人困惑的經濟社會現象，當成解決各種社會問題的工具也受到大眾的矚目。透過許多報導顯示，運用人類行為的慣性和特點，有不少案例成功的引導大眾進行有益公共衛生的行為、增進社會大眾合作的意願並成功防止不當行為及犯罪。我自己也使用行為經濟學，從人類行為中理解社會經濟現象，用來解決問題。

人類有時會感到迷惘，有時也會犯錯。正因如此，才能感受到人性的可愛之處。請各位在閱讀本書的同時，深入感受人類行為的無限奧祕和樂趣。

川西 諭

CONTENTS

《看漫畫讀懂行爲經濟學》目錄

第3章 「直覺判斷」的機制和對策

第4章 「無法預測」時產生錯覺的機制和對策

CONTENTS

第7章 未來的行爲經濟學

從人類行爲解讀經濟現象的謎團

「行爲經濟學」

行動經濟學
行爲經濟學是一門從人類行爲
解讀經濟現象之謎的學問。
不適合
適合
傳統經濟學認爲人們會理性思考、
選擇最合乎本身利益的行動。
且假設人類之後不會後悔、能做出最適當的抉擇。
因傳統經濟學相信人類應該都是理性的，
不可能做出非理性的舉動。
但理性的行爲無法完全解讀現實社會中的經濟活動。
咦？
不相信我說的話嗎？

中華料理
來看看這位先生吧！
他對自己的體型感到煩惱，
既擔心體重又煩惱健康上的問題，
一直想要瘦下來。
ぐぐぐ…
理性的行爲應該是瘦身才對吧？
嗯～
但人類的「動物腦」會對眼前的誘惑做出迅速誠實的反應。
決定了！
どーん
※咚～～

稀哩呼嚕
太好吃啦~!!
稀哩呼嚕
在美食當前或甜點的誘惑下，理智無法戰勝身體的本能反應，減重的事只好先擱在一旁，
也就是說人類是不理性的，很容易發生衝動的行爲。
各位不也是常無法理性的行動？
明明是換工作比較好卻常無法下定決心？
像明知要工作卻常偷懶，
責罵碎念
那爲什麼人類會做出不理性的行爲呢？

在人類大腦中，有「動物腦」和「人類腦」的機制。
這就是原因。
動物腦
人類腦
啊！各位一定覺得人類怎麼可能有動物腦？
靈光一閃
也太難以置信了吧？

其實人類也和其他動物一樣，幾乎所有行爲都以直覺進行，沒有經過深思熟慮。
而「動物腦」即是負責掌管這種無意識的直覺行爲。
例如騎自行車時、
到便利商店買東西時、
刷牙或上學時，大腦不會對這些事情一一做出反應再有所行動吧？
24
會產生經濟上的問題也是同樣的機制。
沒有經過周全的判斷，在直覺反應下不慎選擇了不理性的選項。

人類當然不是只有依靠「動物腦」就可以生存。
人類腦
我們還有另一個「人類腦」。
人類的大腦能理解有意識的行爲和狀態，
進行綜合判斷。
人類在不知不覺間，
分別靈活使用「動物腦」和「人類腦」。
有合乎道理的行爲，
但有時也會有妨礙發展的情況。

如果能了解非理性行爲的機制，
應該就能成爲協助各位解決令人煩惱的行爲舉止、擔憂和不滿的線索。
從下個篇章開始將由宇津狩家的各位出場！
讓我們以「行爲經濟學」來解讀他們的行爲吧！

CHARACTER

登場人物介紹

川西諭先生

上智大學經濟系教授。是個從人類不可思議的行爲解讀經濟現象的行爲經濟學者。
他一邊細心觀察宇津狩一家人不可思議的行爲，有時也會擔任爲讀者說明的角色。

宇津狩家

爺爺(千藏)

喜歡蒐集物品，不擅收納。對名人的推薦毫無抵抗力，一有人推薦就忍不住購買。

爸爸(登)

喜歡投資。沒賺到什麼錢，但覺得比無所作爲要來得好!?

媽媽(舞)

是個認眞控管支出費用的家庭主婦，絕不浪費。

翔

高中生。常跟凜要零用錢買模型。

凜

社會新鮮人。性格明快，是若葉商標業務部的職員。

松竹梅男前輩

凜公司裡的學長。家中經營餐館，常帶後輩同事一起前往聚餐。

凜的堂表親 小春

凜和翔的堂表親。有個交往已久、一心想成爲演員的男友，小春爲此很煩惱。

序章

人類原本就不是理性的生物

人類是非理性的，靜下心來想想，有時會發生令人覺得不可思議的舉動。行爲經濟學可以爲這些疑問提供解答。

人類的行爲不太合乎邏輯

現在開始以「行爲經濟學」來解說宇津狩家人的行爲。
宇津狩
啊！買東西好累啊……
呼啊啊啊……
也太沒教養了吧！
我買了好東西呢！
是這個手工耳環！
長女
宇津狩 凜（22歲）
多少錢？
一萬元打折過後變五千元喲！
便宜吧？
¥5,000-
¥10,000-

好貴！
這可以買50個日式饅頭
欸欸
半價耶！
而且，姊！你沒有穿耳洞吧？
哦，之後會穿啦…
凜衝動之下買了自己覺得便宜但弟弟認爲很貴的耳環。
雖然一萬日圓的定價毫無根據，但凜受其他訊息的影響而覺得很便宜。
這稱爲「定錨點」(Anchor)。
半價
5% OFF
sale
別管那個，你們看這個啦！
哼哼～
裡面有含1000毫克的高蛋白成分耶！
這超紅的！
長男
翔(16歲)
1000毫克，不就是一公克嗎？超少！
等於一個一元日幣重吧？
同樣一件事，用不同的方法表達，會影響他人的感受和決策，
進而改變他人的決定。
這在行動經濟學裡稱爲「框架效應」。
1000mg＝
＝1g
別買這些沒用的東西，
也太浪費錢了！
媽媽
舞（52歲）

哎呀呀，
這比媽媽一直買不會中獎的樂透好吧？
你在說些什麼？
我從年輕時就開始買了！
怎麼可能現在就放棄了呢？
買10張 不連號
媽媽年輕時的
投入愈多的時間和金錢，愈難以放棄……
這想法很糟啊！
這就是「沉默成本的詛咒」。
與其這樣亂花錢，還不如來投資吧？
不！不！才不是咧！
爸爸
登（55歲）

你不是每次都被那些自己想聽的資訊耍得團團轉，一直虧錢嗎？
呵呵呵。
那只是發生預料之外的事，暫時比我買的價格跌了一些。
我相信價格一定會再漲回來的……
好幾年前也發生過同樣的事……
到底有多少錢被套牢啊？
選擇性的相信自己想聽的資訊，
這就是「確認偏誤」。
爺爺我都會先詳細確認產品的評價才買，才不會買錯喔！
爺爺
千藏（82歲）

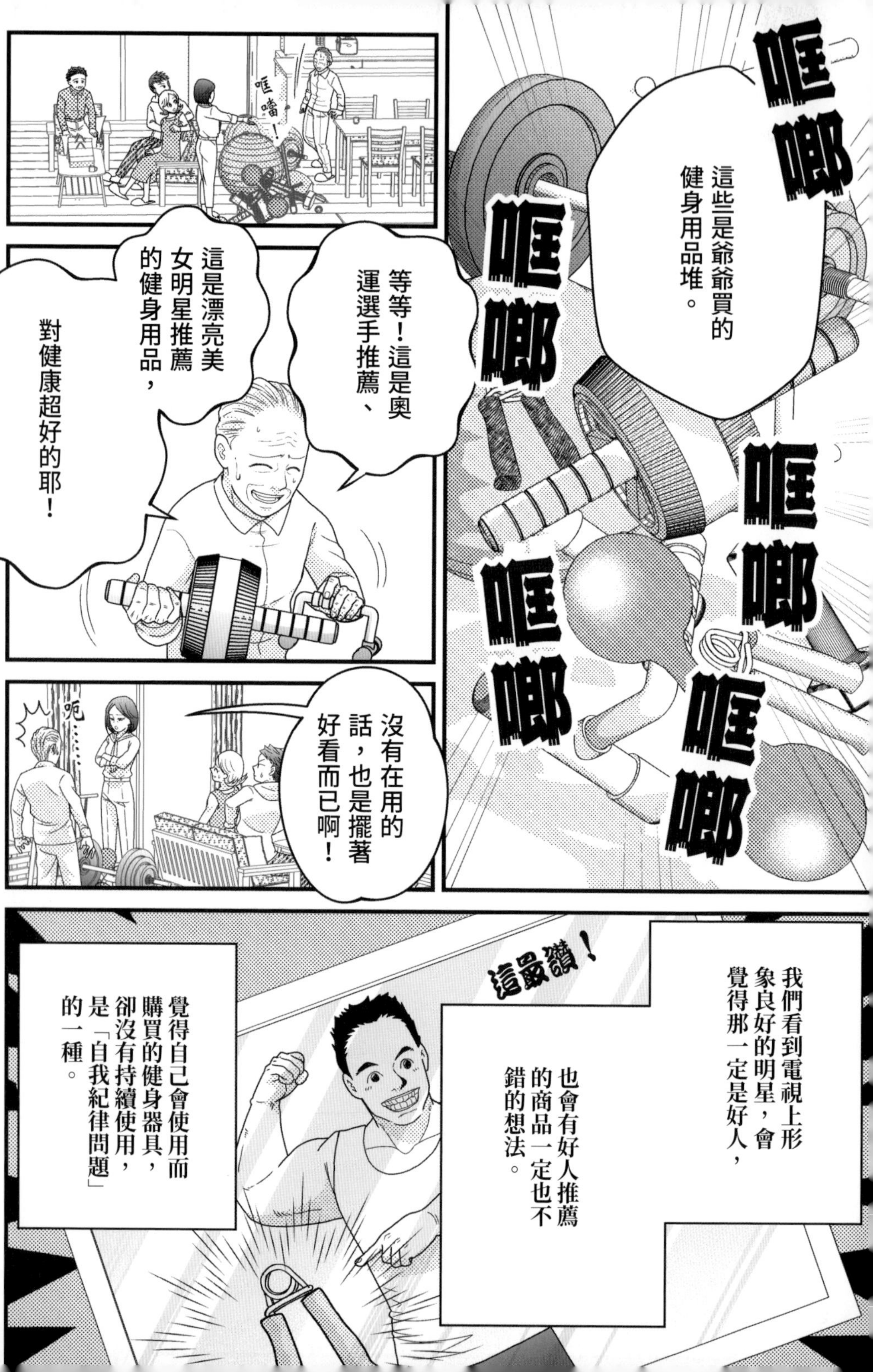
哐啷
哐啷
這些是爺爺買的健身用品堆。
哐啷
哐啷
哐啷
哐噹！
等等！這是奧運選手推薦、
這是漂亮美女明星推薦的健身用品，
對健康超好的耶！
沒有在用的話，也是擺著好看而已啊！
呃……
我們看到電視上形象良好的明星，會覺得那一定是好人，
也會有好人推薦的商品一定也不錯的想法。
這最讚！
覺得自己會使用而購買的健身器具，卻沒有持續使用，是「自我紀律問題」的一種。

肌肉能量飲
明明購買的時候應該都是理解之後才買的。
為什麼還是會有那麼多無法滿足的事呢？
好像背後有隻無形的手在推著我們。
人類充滿了不可思議的行爲。
夾—
好痛啊！
好痛啊！沒辦法戴耳環啦！
妳看吧！
妳還好嗎？

以行爲經濟學解讀人類不可思議的舉動

新冠肺炎流行初期
口罩短缺問題嚴重的原因是？

爲什麼新冠肺炎流行初期，會發生口罩缺貨的問題？

各位應該都還記憶猶新吧？在新冠肺炎剛流行時，發生很嚴重的口罩缺貨問題。口罩從市面上消失，有人在網路上高價兜售。但如果各位都只購買「需要的數量」，應該人人都買得到口罩才對。

靜下心來想想，人類有時會做出不可思議的行爲。以口罩的例子來說，擔心買不到口罩的不安是引發搶購囤貨行爲的關鍵。**行爲經濟學便是一門從人類行爲解讀經濟現象和問題的學問**。

如果買不到口罩……

大家都只買需要的數量……

人類的心理會像這樣對經濟造成影響！

大眾心理會對經濟和社會帶來劇烈影響

當社會經濟發生巨大改變，大眾會產生擔憂和緊張的情緒。而**這些憂慮和心理壓力正是嚴重影響社會經濟變化的因素。但只要理解人類心理和行爲的機制，便不會感受到太多不必要的壓力**。

行爲經濟學**從心理學的觀點解釋**「爲什麼人類會有這些奇怪的行爲？」，能減輕大眾的憂慮，增進對他人的理解。希望行爲經濟學能廣泛應用在商業、管理、人際關係、育兒、教育等領域，人們對它寄予很高的期待。

人類原本就是馬虎隨興的不理性生物

傳統經濟學的前提

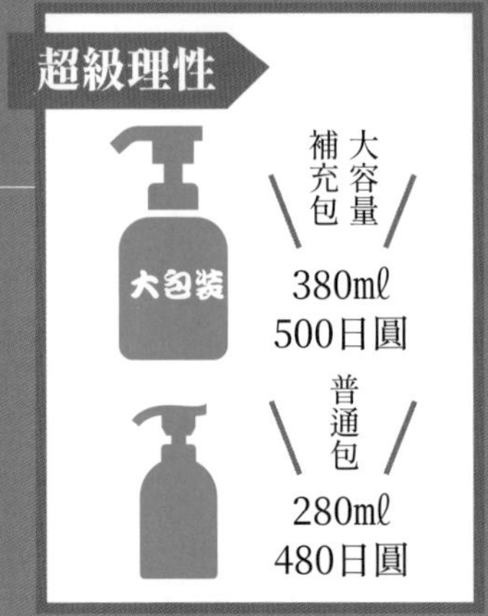

◎ 仔細斟酌價格、容量等所有資訊，再考慮自己的預算，做出最划算的選擇。

◎ 人類的判斷經常是迅速又正確，不會出錯。

人類會依目標採取最適當的行爲？

大衆會關注行爲經濟學的另一個原因是這門學問以「**人類是馬虎隨興的不理性生物**」爲前提。

傳統經濟學認爲「人類會依目標採取最適當的行動」。也就是以所謂的聰明、理性的人類爲假設進行經濟相關問題的研究。

但是，人類並不會總是採取理性的行爲。就像我們明知有很高的機率會虧錢，但還是會忍不住想買下彩券吧？

行爲經濟學的前提

馬馬虎虎不理性的……

雖然打算理性的行動，但其實無法持續執行。人類會自然而然地只挑選自己想要接收的資訊。

隨隨便便敷衍一下……

即使已立下目標，想要達成，也會找個「我已經很努力了！應該要慰勞一下」的理由獎勵自己。

實際上，人類有一種傾向，就是**選擇機率很低的事物。但人們會將它解釋成對自己有利，並且給予過高的評價**。

從生物學的角度來看，人類有許多地方比其他動物優秀，但絕對不是完美的生物。人類會失敗、犯錯，甚至會因無法抗拒誘惑而犯罪。

爲了各位的幸福，我們應該要怎麼做呢？

只要能自覺「**人類是不理性生物**」，就能採取適當的方法防止失敗和錯誤。

爲了人類的幸福，要怎麼做才好呢？這就是研究行爲經濟學的目的，也是這門學問受大眾關注的原因。

行爲經濟學家①
理查・塞勒

備受矚目的「輕推理論」提倡者

理查 ・ 塞勒是在**擬訂預防新冠病毒傳染方法時備受矚目的「輕推理論」提倡者**，也是芝加哥大學商學院的教授、行為經濟學領域的傑出研究者之一。2017年時因「對行為經濟學的理論發展有所貢獻」榮獲諾貝爾經濟學獎。

他與同樣在2002年獲得諾貝爾經濟學獎的傑出行為經濟學研究者**丹尼爾 ・ 康納曼**（Daniel Kahneman）等人合作。而帶領進行行為經濟學各領域研究的塞勒，最後提出了「**輕推理論**」（Nudge）。

「推力」（Nudge）一詞為「用手肘輕推」。**利用人類行爲的特性和習慣，以非強制的手法引導人們做出符合期待的舉動**。從新冠病毒開始流行之後，便利商店收銀台等處都貼有腳印的標誌或等距離的膠帶。這就是應用「輕推理論」，在即使沒有店員提醒的情況下，引導人們自動保持社交安全距離的一個實例。

塞勒提出了多種利用「輕推理論」的政策建議。像應用人類喜歡「瞄準目標」的心理，在小便斗裡畫上蒼蠅的圖案，以防止尿液噴濺到地板上的方法，讓阿姆斯特丹史基浦機場達到減少80% 清潔費用的**經濟效果**。

日本則主要以環境省為中心，正採取各種利用「輕推理論」的措施，促使市民在預防新冠狀病毒感染方面**自發性的改變行爲**。關於「輕推理論」的介紹，請詳見本書的第七章。

◎理查 · 塞勒（Richard H. Thaler）：出生於1945年9月12日。美國經濟學家、芝加哥大學商學院教授，同校決策研究中心主任。他是行爲經濟學領域的傑出研究者之一，也在政策提案方面取得顯著的成就。他的著作和與其他學者合著的作品包括《實踐 行爲經濟學》（日經BP出版）、《塞勒教授の行爲經濟學入門》（鑽石社出版）和《行爲經濟學的逆襲》（早川書房）等。

第1章

人類不理性的地方在哪裡？

人類會在什麼地方，發生什麼樣不理性的行爲呢？這其中的奧祕在於「兩個腦部系統」。透過訓練使用兩個腦部系統的能力，使人類與其他動物有顯著的差別。

動物腦和人類腦的不同功能

所以我一定不能錯過這個機會！
放棄這想法比較好吧？
欸？
爲啥？
拿到駕照就馬上可以去海邊兜風了啊！
姊！因爲…
妳很遲鈍啊！
大驚！
駕訓班
DRIVING SCHOOL
妳不是連腳踏車都不會騎？
那是沒需要啊！
妳不是常摔倒，或是去撞電線杆嗎？
哈哈哈哈！
開車的話我會注意的啦！
妳是希望大家阻止妳去，才這樣跟大家說的吧？
別去了啦！
才…才不是這樣咧…
開始擔心起來…
憂鬱~

駕訓班
要上車前別忘了確認後方。
好！
連爺爺也會開車，一定沒問題的！
緊張
欸？怎麼動不了？
排檔要在D喔！
那邊左轉之後，要再右轉。
慢吞吞
左轉？右轉？到底哪個是哪個啦！
我的老天！輪胎沒法動了！
啊—
沒關係！別緊張。
雨刷瘋了嗎？
吱～
請冷靜一下！
怎麼有貓啊？
喵～
踩剎車！

我不行了啦~~
我沒想到開車會這麼難！
要想的事太多了！
我不學了啦~~
才第一天耶。
別任性了
只要學一天我就知道了！
我沒辦法啦！
爺爺！我好佩服你喲！
你都邊吹口哨邊開車，簡直神乎其技！
別擔心。
只要習慣了，開車就會像自己的手腳一樣，不用想太多就可以開了！
你騙人。
不！
我可沒騙你喲！
好痛
捏緊

九九乘法表
6×1=6
6×2=12
6×3=18
6×4=24
6×5=30
6×6=36
6×7=42
7×1=7
7×2=14
像九九乘法表一樣，在背起來之前都很花時間。
但背起來後，可以完全不用思考，一下子就知道答案了吧？
這兩件事是一樣的！
4×8=32
9×6=56
7×8=56
3×6=18
……
嗯～
是那樣的嗎？
就是這樣啊！
我不相信
妳就當成是被騙了，再加點油看看。
好…好的…
三個月後——
GOOOO～

在拿到駕照還不到一個月，就像爺爺說的，
每個周末都開車去海邊兜風。
但為什麼之前開車那麼難學，後來又變得這麼簡單？
也許我超有天分。
咻咻咻咻咻咻～
海風真舒服
並不是！
用「人類腦」細心確認每個步驟學開車的凜，
藉著反覆練習，「動物腦」也可以輕鬆勝任之前「人類腦」處理的事物。
人類就像這樣分別使用「動物腦」和「人類腦」進行各種動作。
人類腦
動物腦
人類腦
動物腦
咻～
欸？
就算這樣速度也不能開得太快吧？
對不起……

人類不理性是有原因的！

大腦的兩個系統

人類使用「動物腦」和「人類腦」兩個系統

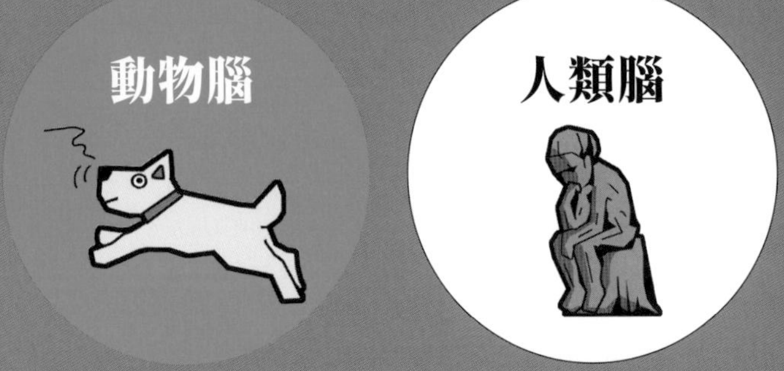

人類在生活中分別使用兩個腦系統。但是使用「人類腦」會感覺疲倦，所以平常儘量只用「動物腦」行動。

人類是理性的嗎？

雖然「行爲經濟學」是研究以「**眞實人類行爲爲基礎的經濟學**」，但演變至目前的思維模式也是經過一些歷程。

針對「**人類是理性生物**」**爲基本假設的傳統經濟學**，早期的行爲經濟學者認爲「現實生活中的人類並非如此」，花了不少力氣蒐集不理性行爲的實例。

本書將關注人類非理性行爲的早期行爲經濟學，稱爲「**行爲經濟學1.0**」。

「動物腦」的學習架構

「動物腦」具有優良的學習系統，
使用愈頻繁，系統會變得愈優秀。
因此人類只用「動物腦」也能做出差強人意的舉動。

從前經歷過的資訊 → **因自動學習而發現其中規則和模式** → **適當的行爲**

行爲經濟學的基本思考方式

傑出行爲經濟學者丹尼爾．康納曼在2012年發表著作《快思慢想》(*Thinking, Fast & Slow*)，在書中康納曼說明了「**雙重歷程理論**」，是行爲經濟學上的一個重要轉捩點。雙重歷程理論中認爲人類的大腦有「**動物腦**」和「**人類特有的腦**」(以下稱爲「**人類腦**」)兩個系統。人類腦可以進行理性的行爲，但動物腦則有可能做出非理性的舉動，而康納曼將此種說法引進行爲經濟學。

人們可以分別使用兩種大腦系統，以「動物腦」對事物進行直覺反射且毫無意識的判斷，或以「人類腦」進行理性、周詳的思考後再下判斷行動。

這樣的主張成爲現在行動經濟學的基本架構，因雙重歷程理論而有所發展的行爲經濟學，本書將其稱爲「**行爲經濟學2.0**」。

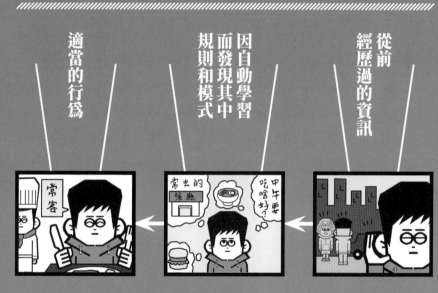

1-1

雙重歷程理論是人類特有的大腦運作模式

什麼是雙重歷程理論?

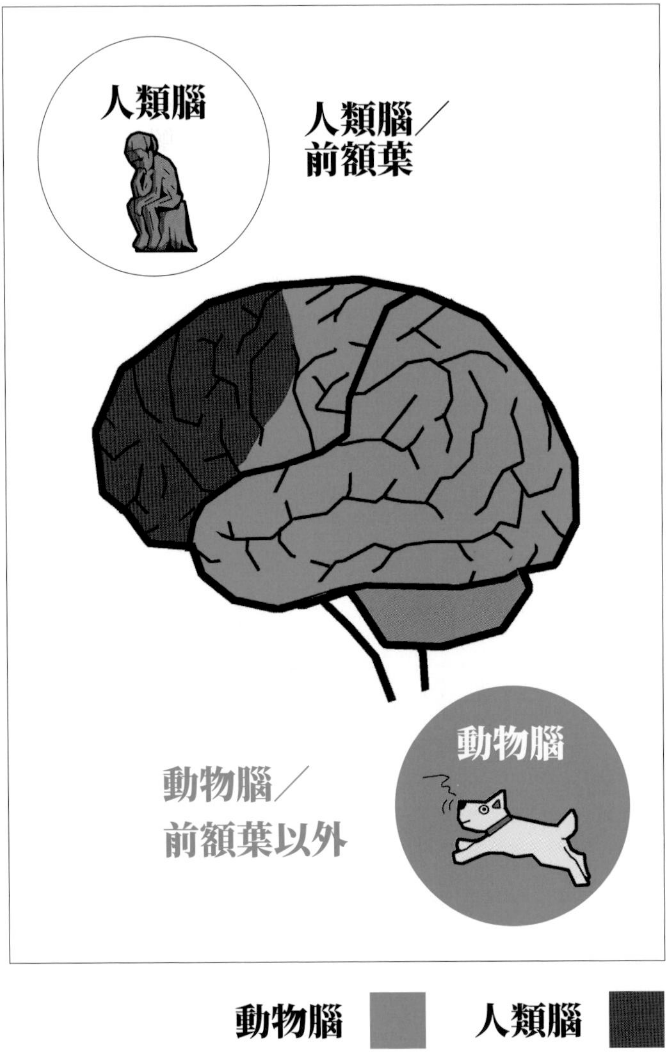

■ 人類的行爲舉止分別使用了兩個系統

■ 我們通常沒有發現「動物腦」的存在

人類是如何行動的呢？

在以眞實人類行爲爲假設前提的行爲經濟學中，人類是如何行動的呢？雖然目前還未充分解開人類行爲架構的奧祕，但目前最有力的學說是「**雙重歷程理論**」（Dual Process Theory）。

雙重歷程理論是心理學家艾文斯（Evans）等人提出的人類行爲機制，假設人類一起使用兩種不同的腦部機制行動。

其中一個稱爲「**系統一**」，**是許多動物都具備的基本腦部機制**，本書稱之爲「**動物腦**」。大多數的動物並不像人類一樣進行思考和行動，**牠們的腦部機制讓動物在不需思考的情況下生存**。人類也擁有「動物腦」，具備無需思考即可行動的能力。

人類和其他動物有何分別？

人類行爲與其他動物存在顯著差別。我們能做到進行思考、與他人對話等其他動物無法做到的事。雙重歷程理論認爲只有人類擁有的**第二個腦系統**，才能使這種情況成爲可能。第二個腦系統「**系統二**」**是人類特有的腦部系統**，在本書中稱之爲「**人類腦**」。

透過腦科學研究，我們了解到當人類進行思考和行動時，**大腦的前額葉會變得十分活躍**。前額葉這個部位在其他動物身上並不發達，是人類大腦的象徵。相關學者認爲此大腦區域的演進使我們人類得以進行高度化的行爲。

雙重歷程理論是奠定行爲經濟學基礎的丹尼爾・康納曼在他的著作《快思慢想》中，詳細介紹人類行爲的基本機制，才逐漸廣爲人知。

「動物腦」和「人類腦」各有什麼特徵？

「動物腦」和「人類腦」

動物腦	人類腦

低	高　意識水準
·感受察覺危險的能力 ·日常生活的行爲	·計畫　·推論 ·預測 ·理解　·判斷
盲打	電腦初學者打字
以母語對話	用不熟練的外語進行日常對話
熟練駕駛者開車	初學駕駛者開車
無意識的呼吸	瑜珈初學者的呼吸

傑出的「動物腦」系統

「動物腦」和人類之外的其他動物一樣，**可以在幾乎無意識的狀態下，進行反射、自動的行爲**。

最容易理解的例子就是呼吸和步行等日常動作。像在進行瑜珈等活動時，雖然仍是有某種程度以意識控制著呼吸，但不會有人經常強烈地意識到需要呼吸來維持生命。

演奏樂器也是相同的例子。初學者必須集中精神，專注在樂譜和樂器上才能演奏，專業演奏家則可以在某種程度下無意識的自在彈奏。

人類與動物決定性的區別

「動物腦」是種具快速處理能力、經常使用也不覺疲倦的優異系統。但是只有「動物腦」，無法隨機應變的改變行爲。

因此，**人類爲了能夠靈活反應各種情況的變化，發展出了具有認知和思考功能的「人類腦」**。

「人類腦」具有**理解周遭環境、自行思考、進行有意識行爲**的特徵。當理解狀況、擬訂計畫或進行綜合判斷時，正是「人類腦」全速運作的時候。

然而，「人類腦」存在一些問題，例如需要時間、無法同時進行多項活動、容易疲勞等。

以語言爲例，人可以使用母語毫無意識且自動的說話，用外語則需要花費更多時間來選擇用詞，並且會感到疲憊。這是因爲講母語時使用「動物腦」，而講外語時使用了「人類腦」，兩種腦系統各自在對話中發揮功能。

康納曼發現當人類腦進行運轉時，瞳孔會放大。當說話對象保持沉默時，或許可以從這個部分觀察對方是否在認眞聆聽。

1-3

康納曼

習慣化是無意識系統個人化的結果！

「動物腦」=無意識系統

由動物腦掌控
日常生活中不需特別反應即可進行的例行事物

「人類腦」=意識化系統

由人類腦控制
不經思考就無法完成的事物

兩種腦部系統的特點

簡單地說，「**動物腦**」可以「**不需特別思考也能在無意間完成事情**」。像飲食、刷牙、通勤、上學等**日常生活的習慣性行爲，幾乎都由「動物腦」掌握**。「動物腦」被稱爲「**無意識系統**」，掌管習慣性和本能性的行爲。換句話說，對於從眼睛和耳朵接收到的刺激和訊息，身體在大腦做出判斷之前就已經開始動作。

另一方面，「**人類腦**」被稱爲**意識化系統**，但實際上，**最初雖然必須經由「人類腦」思考才能做到的事，經習慣化後也能夠讓無意識系統的「動物腦」執行**，這可說是人類的卓越之處。

可瞬間處理複雜事務的原因

與動物的思考活動相比，人類的思考需要更多時間。「動物腦」與「人類腦」也可用「反射性決定」和「需花時間決定」兩個詞語來替代。即使進行相同的活動，使用「動物腦」的人能夠非常迅速且有效率的處理事務。

不論是企業管理者還是各界專業人士，優秀的人都透過反覆的訓練，使「動物腦」發揮最大程度的個人化作用，以適應各種情境。有時候我們會聽到「思考能力優秀」、「才華洋溢」等說法，但差別在於**練習的次數多寡**，而非大腦構造或品質優良與否。

「動物腦」可以個人化到什麼程度呢？這便是提升表現的重要祕訣。

康納曼在改變行爲經濟學認知的《快思慢想》一書中，把「動物腦」稱爲「系統一」（迅速思考）、「人類腦」稱爲「系統二」（緩慢思考）。

1-4

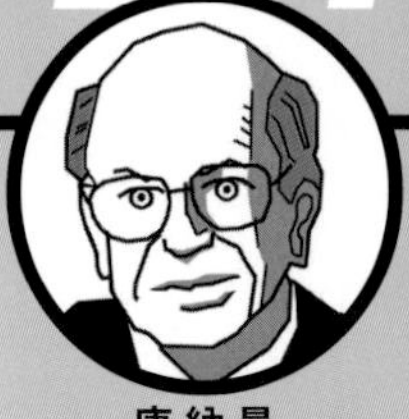

動物腦有超級電腦的功能！能透過機器學習處理大數據

「動物腦」和機器學習

「動物腦」和電腦的機器學習，
幾乎是相同的流程

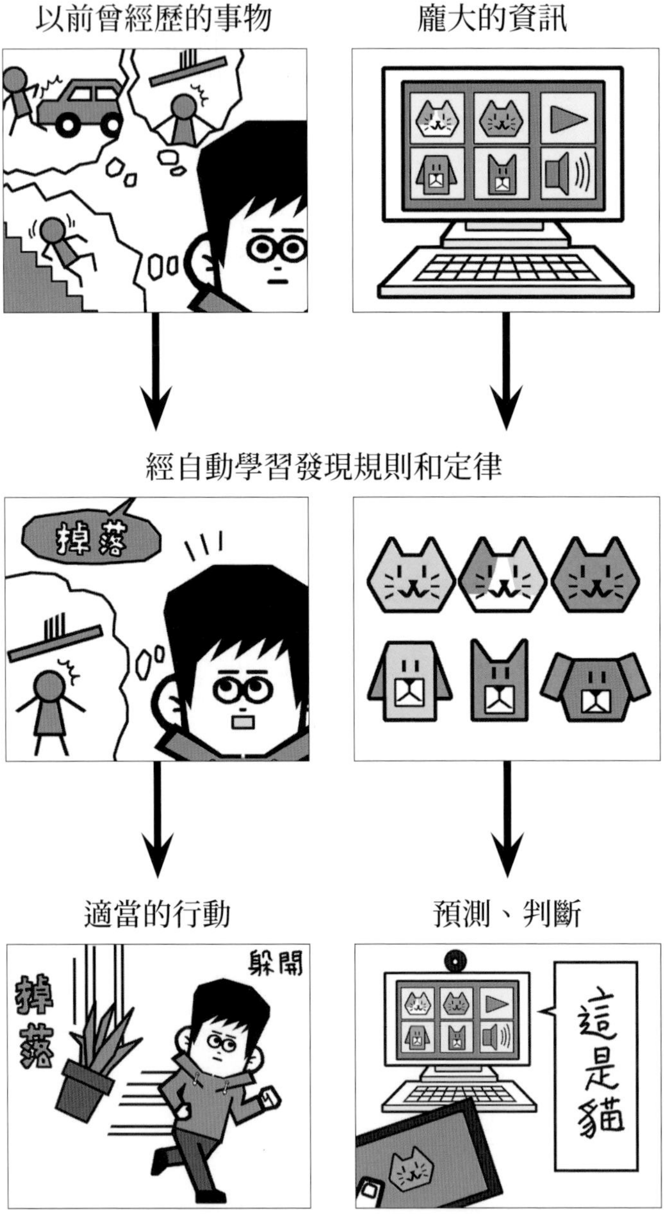

進行自動記憶和喚醒資訊

自動記憶和喚醒、運用資訊也許看起來像是「人類腦」的功能，但**這幾乎都是「動物腦」進行的工作**。因此，像鼠類等只有「動物腦」的動物，會經由多次嘗試後，在錯誤中學習走出迷宮的方法、察覺天敵容易埋伏的地方，爲了保護自己的安全，可以觀察周遭狀況採取適當的行動。

從過去經驗中累積的龐大數據資料中，我們可以即時搜尋需要的資訊、尋找適當的行動解決方案。儘管隨著資訊通信技術（ICT）的進步，電腦也能夠執行相同的功能，但**儲存在「動物腦」中的資訊量以及找出所需資訊的機制，即使是超級電腦也難以完全複製**。

重要的是，**記憶和喚醒資訊可以在不需思考的情況下自動進行**。例如，我們基於過去的經驗，在無意識中由「動物腦」在龐大資料中尋找適當的資訊，並發現令人討厭的味道、奇怪的聲音等危險情況，或是選擇看似不錯的選項，像美味的餐廳、有趣的地方或和善的人等。在這一點上，人類和其他動物都相同。

缺點是無法變通

動物腦的記憶和喚醒能力**非常出色**，但其缺點在於**較不靈活**。應該記得的事情卻想不起來，或者在不想回憶的時候卻突然冒出記憶。有時常無法依照自己的想法去做，覺得很焦躁。理解動物腦的機制，善加運用這種能力是我們值得努力的目標。

在機器人的研究中，曾嘗試以電腦重現人類的行爲。而隨著研究的進展，使人們重新認知到動物腦的功能其實非常優異。

1-5

康納曼

人類的優勢在於學習語言和文字

爲什麼一定需要「人類腦」？

如果「動物腦」的水準高、
處理速度又快，
而且使用了也不會感到疲憊，
那是否只有「動物腦」就行了呢？

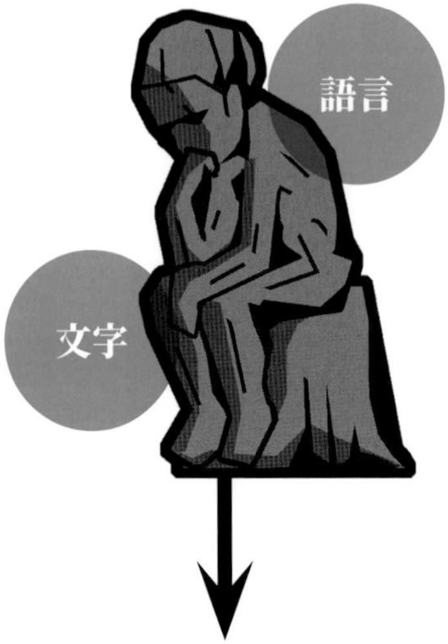

人類因爲學習語言和文字，能增進對事物的深度理解，再以獲得的知識爲基礎，進而完成其他各種各樣的事物。

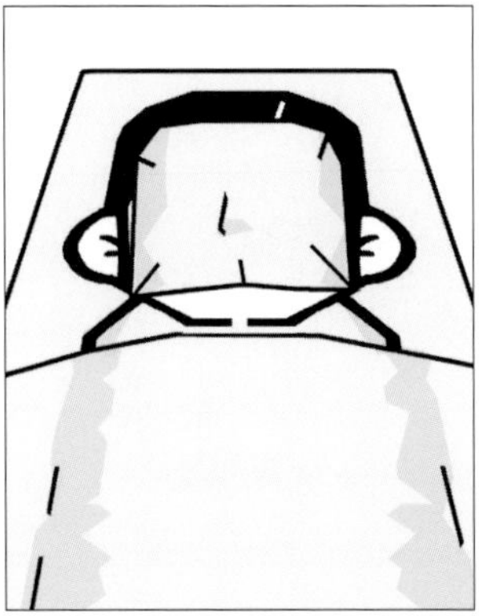

例如在處理新型冠狀病毒的方式上，若缺乏學術上的研究成果，很可能全球會有十分之一的人口死亡。

「人類腦」是爲了處理不用頭腦思考就無法解決的深奧複雜問題而存在！

需要「人類腦」的原因

提到「動物腦」和「人類腦」，可能會有許多人認爲「人類腦」的層次較高。其實「動物腦」思考速度快、可以同時處理多樣事物和自動執行動作，是一個非常傑出的系統。

那麼，「人類腦」是否就沒有存在的必要呢？

如果每天只需在相同狀況下做相同的事就能生存，確實是不需要「人類腦」吧？但現實並非如此。正因爲需要依不同情況臨機應變或有更佳的做法得以選擇，人類才擁有稱爲「系統二」這個人類特有的腦部系統，也就是本書中所稱的「人類腦」。

然而，我們人類的活動不斷進化，使這一切成爲可能的便是**語言和文字**。這兩者使我們能深入理解事物，再將此知識與他人共享，進而有更大的發展與運用。

爲了能實現更高層次的行爲

我們在家庭或學校等地方，學習「人類智慧的財產」，並基於此學識培養出更爲明智的行爲能力。

即使在二〇二〇年後讓全球陷入混亂的新冠肺炎處理上，若缺乏學術上的智慧和洞見，可能導致全球十分之一人口死亡。**人類使用語言和文字培養知識和思考能力，擁有可不斷學習、更新內容的大腦，使我們能進行比從前人類更高層次的行爲**。

因此，爲了進行**需要深思熟慮的知識性活動**，像處理深奧且困難的問題，**「人類腦」的存在就顯得非常重要**。

運用語言和文字的能力帶給人類莫大的力量，於此同時，也成爲引發戰爭和破壞環境的原因。要如何善加運用此強大的能力，是現今人類面對的重要問題。

1-6

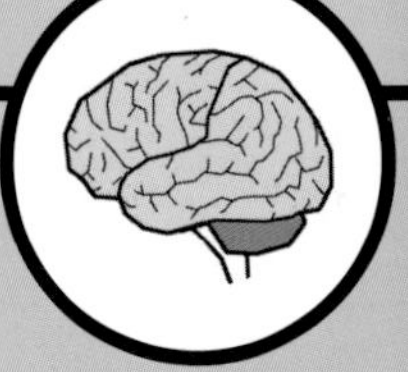

讓哪個系統負責什麼工作較適合？

系統一和系統二負責的工作

【系統一】（動物腦）的工作

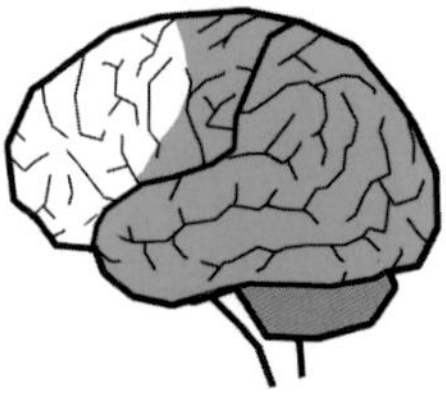

- 負責「平時不需思考的行爲」
- 減輕大腦的負擔和疲憊，讓「人類腦」在緊急狀態時可以啓動
- 事先察覺不好的預感和危險異常的狀況

【系統二】（人類腦）的工作

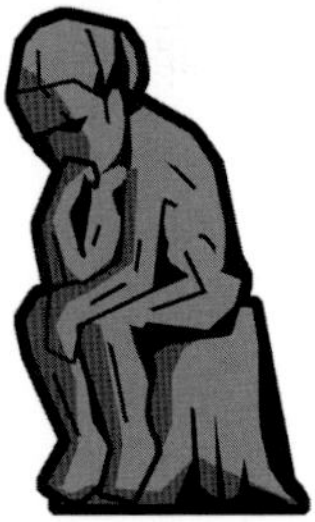

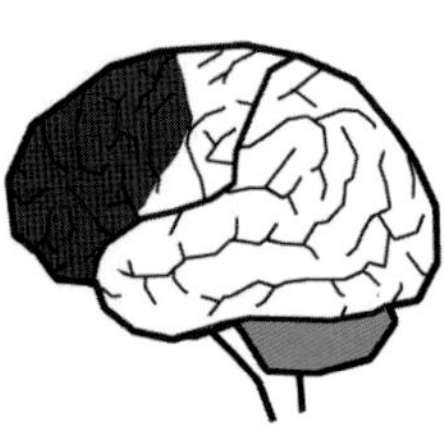

- 負責必須深思熟慮的工作
- 當「動物腦」感到危險時立刻啓動
- 避開問題和麻煩
- 防止系统1失控

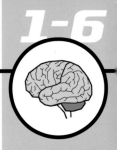

察覺不祥的預感

那麼，我們如何分別使用這兩個腦部系統呢？

工作分配的基本原則是**將不需要特別思考的行爲交給「動物腦」負責、必須深入思考的事務分配給「人類腦」**。

如果每天都在相同的情境中採取相同的行動就感到滿意的話，**那麼只使用「動物腦」而不用「人類腦」也無妨**。

也可能往負面發展

當面對與平時不同的情況或與過去經歷過不愉快的狀況有類似情境時，「動物腦」會發揮功能讓我們感覺到「有點奇怪」或察覺到不祥的預感。**日常發生的問題和麻煩等經常遇到的狀況，只透過「動物腦」即可避免**。

「動物腦」會對眼前的誘惑做出反應，試圖滿足欲望。如果我們的社會中縱容這種行爲，就會導致浪費、賭博等財產損失，讓酒精、煙草、毒品損害健康，甚至作出搶劫、傷害他人的犯罪行爲。

防止「動物腦」失控

因此，**防止「動物腦」做出上述失控行爲，自我約束是「人類腦」的重要職責**。

此外，**「人類腦」還需要藉由學習累積各種知識，解決「動物腦」難以處理的危機並克服困難**，讓人類有更美好的生活，這些都是「人類腦」必須扮演的關鍵角色。

因爲人們審愼思考許多事物時都會使用「人類腦」，所以各位應該已了解它的存在和功能。主要的重點在於人們必須察覺「動物腦」的存在並理解它的功用。

康納曼

人類透過節省使用「人類腦」求生存——節約認知

什麼是節約認知？

以「動物腦」進行判斷，不使用「人類腦」。
節省思考耗費的能量。

在與他人一邊說話一邊走路時，也會以「動物腦」對「綠燈」做出反應。

什麼是捷思法(heuristic)？

參考從前經驗並瞬間
以直覺反應做出決定的過程。

因過去的經驗，沒有深入思考便由動物腦做出直覺判斷。

不常使用「人類腦」

各位是否在日常生活中會意識到分別使用「動物腦」和「人類腦」的區別呢？很可能並不會。**人類透過基因層次的學習，演變成能夠在無意識的情況下分別使用這兩個大腦系統**。

雖然存在個別差異，但我們使用「人類腦」的頻率往往遠低於自我意識的水準。在我們出生之後的幼兒時期、想睡時、睡著時或喝醉時，並沒有使用「人類腦」這一點可能很容易理解。然而，即使在白天清醒的時候，我們通常也很少使用「人類腦」。**即便在明顯應該使用「人類腦」可以做出更好選擇的情況下，我們也經常在日常生活中使用「動物腦」選擇較簡單的作法**。

事實上，「動物腦」會在無意識中儘量不使用「人類腦」，**這種避免使用需要運用認知能力的「人類腦」傾向，稱爲「節約認知」**。

會產生「節約認知」，是因爲使用「人類腦」會引起精神和身體上的疲勞，且無法同時處理多樣事務。

相對容易的解答方式

進行「節約認知」的我們在面對各種問題時，**往往會習慣從過往經驗中尋找不使用「人類腦」便可較容易得到答案的方法**，這就是所謂的「**捷思法**」。以既有印象判斷事物，或者根據過去的經驗來推測未來，都是捷思法的一種。儘管在許多狀況下，以捷思法判斷可以發揮良好的功能，但必須注意到它還是有出錯的可能。

在NHK益智綜藝節目的固定橋段裡，有一個年齡設定爲五歲小女生的主要卡通人物，常會對答錯問題的來賓罵道「別常發呆恍神過日子啊！（ボーっと生きてんじゃねえよ！）」而大受歡迎。但行爲經濟學家們會認爲「才五歲的孩子能意識到自己恍神虛度光陰，眞是了不起呢！」。

1-8

康納曼

因爲有四種學習程序，只用動物腦也能做出不錯的選擇

學習四步驟

1.基因層次學習

爲了使生物能適應環境、有更佳的思考、行爲能力，大腦本身進行的基因演化和學習。我們擁有「人類腦」也是演化結果之一。

2.嘗試在錯誤中學習

在無意識中反覆進行順暢無礙的行爲，停止進行有阻礙的行動。

3.有意識的學習

即字面上的「學習」之義。以思考事物的「人類腦」有意識的改善自我行爲。

4.頻繁學習養成習慣

藉反覆多次學習，曾使用「人類腦」的行爲，也能變得不需多加思考即能完成。

不經思考也能正常行動

如果聽到有人說「那個人幾乎都沒在思考就採取行動」這樣的話，你可能會覺得這個人的行爲有很大的問題。然而，實際上因爲**節約認知**的關係，我們**在日常生活中幾乎都是在不經思考的情況下採取行動**。那麼，是否每個人的行爲都有問題呢？實際上並非如此。相反地，以這樣不多加思索的行動來說，我們還算表現得不錯。

能有這種表現是因爲人類具有**四個學習的機制**。這裡所謂的「學習」並不是讀書的意思，而是指**心理學上根據情境改善行爲舉止的過程**。

人類爲了能進行更高等級的行爲而擁有四種學習機制，也因如此**才能不太經由思考便能大致做出沒有錯誤的行爲**。

無需思考的學習

第一步驟的學習是「**基因層次的學習**」。這是以進化論爲基礎的學習，只有**能適應環境的物種才能存活**，無法適應環境的物種只有邁向滅亡的命運。而其結果是能生存的物種，都是能採取適應環境行爲的生物。**我們擁有人類腦也可以說是體內基因本能學習的結果**。

第二步驟的學習是**嘗試在錯誤中學習**，這是其他動物也具備、無需思考的學習能力。透過嘗試各種方法，重複進行成功的舉動，改變造成失敗的行爲，因此我們**變得能依照環境採取相對良好的措施**。在群體生活的動物們，即使自己不去嘗試，模仿同伴的行爲也能取得良好的效果。模仿學習也幾乎不須經過思考即可進行。

前面介紹過的捷思法（→P51）即是錯誤中學習的成果。雖然大多可以進行相對良好的舉動，但也有陷阱，詳細內容將在第二章中解說。

1-9

這也是多數人能盲打的原因

以習慣化培養能力

初學者　以眼睛尋找鍵盤上的位置後輸入，很花時間

↓ **重複同樣行爲**

不需看鍵盤即可快速輸入　**熟練者**

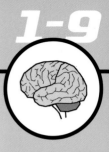

藉語言文字學習

第三步驟的學習是**思考學習**。如前文介紹**透過使用語言和文字，我們的行爲得以透過「人類腦」不斷進步**。因前人辛苦發現的知識和智慧累積，我們能夠輕鬆了解並運用它們。學習語言和文字，我們便能學到取得食物的方法、保護自己免於危險、維持身體健康以及學習和製造實用工具的方法，並能夠實踐這些技能。雖然參與經濟活動需要相對高度的知識，但透過學習經濟學，任何人都能夠進行良好的經濟行爲。

高層次行爲的習慣化

即使是一開始用「人類腦」全神貫注開車並覺得心理和生理疲憊的人，若每天開車，就能夠使用「動物腦」幾乎不需多加思考的駕駛。使用電腦鍵盤輸入的情況也一樣，每天面對著電腦使用鍵盤的人，就算不看鍵盤字母的排列也能夠輕鬆輸入文字。

人類具備了一種學習能力，**即使是使用「人類腦」有意識進行的高層次行爲，經過反覆練習就能成爲習慣，進而只需用「動物腦」就能以無法想像的極快速度輕鬆完成**。

各種運動、樂器演奏以及生產製造活動、程式設計、會計出納和企業經營的技巧等也都一樣，**透過不斷的練習，從前需使用「人類腦」思考的事物，也將逐漸轉移給「動物腦」，變成無需過多思考便能達成**。

這雖然需要不停努力練習，但如果能善加利用這種機制，就能夠確實提高人類的能力。希望各位也能夠善加運用，不斷提升自我。

有研究顯示，日本著名棋士羽生善治先生下詰將棋時幾乎不使用「人類腦」，而是以「動物腦」解開棋局。羽生善治先生對拿下「永世七冠王」頭銜所付出的努力，實在讓我們深感敬佩。

1-10

傳統經濟學和行爲經濟學之間的關係

行爲經濟學1.0 敵對

行爲經濟學2.0 融合

傳統經濟學的反思

傳統經濟學以**理性的人類**爲前提來解釋經濟現象。而早期行爲經濟學的研究是以證明此一前提爲錯誤、人類經濟行爲並非理性爲目標。研究結果也發現了許多傳統經濟學難以解釋的情況。

眞實的人類行爲機制與傳統經濟學所預設的理性經濟人前提有很大差異。因此，在現代思維下會認爲當時發現多種和傳統經濟學理論相違悖的情況，實屬理所當然。

隨行爲經濟學研究的進展，研究傳統經濟學的學者們開始**將行爲經濟學視爲「否定傳統學說的存在」而產生了敵對的態度**。

雙重歷程理論的誕生

解決傳統經濟學和行爲經濟學的對立狀態，**使兩者互相融合的是雙重歷程理論的出現**（→P 38）。雙重歷程理論中認爲平時人們行動幾乎不多加思索，在正常情況下，**人類可以藉由學習機制進行近乎合理的舉動**。如果能夠實現幾乎是合理的行爲，那麼以理性爲前提的傳統經濟學結論就不會被完全否定。儘管在某些情況下很難以理性爲前提，但傳統經濟學和行爲經濟學之間並**不需要相互批判**。

現代的經濟學也將行爲經濟學的智慧融入傳統經濟學中，持續朝向正確解讀經濟現象和解決經濟問題的方向邁進。

本書主要介紹行爲經濟學2.0（→P.37）。對新行爲經濟學3.0（→P.189）的發展方向也有相關的思考。

行爲經濟學家②

丹尼爾．康納曼

榮獲諾貝爾經濟學獎的行爲經濟學創始者

丹尼爾 ・ 康納曼是出生於以色列的行為經濟學家。他是美國普林斯頓大學的名譽教授、自1970年代起與**心理學家阿摩司 ・ 特沃斯基**（Amos Nathan Tversky）**一起進行研究，開始探討有關人類在不確定條件下的判斷和決策**，是著名的行為經濟學創始者。

這兩位學者對傳統經濟學中以「人類會進行理性行為」的假設提出異議，他們指出「人類是不理性的生物」。他們深入解析人類採取不理性行為的機制，為現代行為經濟學奠定了基礎。本書第四章介紹的代表性捷思法（在面臨危機或問題時，會參考從前經驗，簡單直覺的做出判斷）和可得性捷思法（對容易產生聯想事物的機率，有較高評價的傾向）也是這兩位學者提出的理論。

康納曼與特沃斯基共同提出在**不確定條件下的意志決策模型「展望理論」（prospect theory），於2002年榮獲諾貝爾經濟學獎**。雖然特沃斯基已於1996年去世，但他將心理學研究中獲得的深入觀察，整合在經濟學中的成就，受到世人的高度評價。

康納曼於2012年出版的《快思慢想》一書中，指出人類的大腦系統有系統一（快速思考）和系統二（慢速思考）之分，深入剖析人類的決策機制，該書也成為行為經濟學暢銷全球的書籍。

© 丹尼爾．康納曼：出生於1934年3月5日。是以色列、美國的行爲經濟學者，提出整合經濟學和認知科學的行爲財務（behavioral finance）理論、在不確定條件下的意志決策模型「展望理論」。著有《快思慢想》（天下文化出版）、《丹尼爾．康納曼 談心理與經濟》（樂工社，台灣未出版）等作品。

第2章

人類採取「輕率行動」的機制和對策

爲什麼人類有時會不多加思考，便馬上迅速採取行動呢？或許在了解此種機制後，就不會產生輕率的行爲。對既定習慣提出質疑也十分重要。

終於成爲期待已久的社會新鮮人，
被分配到業務部已經半年了。
訓練期也結束了，
終於可以負責客戶的企畫案。
——因此
貴公司的業務，可以有大幅度的改善！
可是……
嗯~~
以我們公司的規模來說，這功能有點少吧？
有其他的企畫嗎？
當然有！
但價格會提高一些。
快速拿出

雖然以功能來說無可挑剔，但這個價格的話…就不需要了吧？
但還沒有客戶願意簽約。
啊，明白了。
…
不好意思…今天又失敗了…
如果那麼簡單就能賣出去，誰都不用努力工作啦。
我的企畫案…到底有哪裡不好？
我絞盡腦汁拚命想出來的……
緊握
這個嘛…
也不是宇津狩小姐的錯…

應該說是提出企畫案方式的問題吧？
提出企畫案的方式？
啊
？
也已經中午了！我們邊吃飯邊聊吧！
剛好這是我喜歡的店。
剛好？
什麼剛好啊？
別問那麼多，請進吧！
每道菜的味道都還可以。
微笑
什麼…
還可以…

菜單
【天丼】
松 蝦子・星鰻・扇貝・花枝・蔬菜 1900日圓
竹 炸什錦・白肉魚・蔬菜 1100日圓
梅 蔬菜 沙鮻 800日
那要點什麼才好呢？
嗯～
我點「竹」套餐。
嗯！我就知道你會選那個。
欸？
我們來思考一下，
你爲什麼會選「竹」套餐？
…
啊！你別擔心啦！
你跑業務的靈感就在這個菜單裡呢！
我不懂你的意思。
相反地，爲什麼你沒選「松」套餐？
原因不就是它價格比較貴，讓妳難以下手？
嘿啊！以午餐來說這個價錢有點讓人難下手……
那「梅」套餐呢？

因爲最便宜，讓人覺得沒有距離，但和松、竹套餐比起來，
想要吃得好些的欲望又變得更強烈。
男生的話，也可能因爲自尊心作祟，可能也無法點最便宜的套餐。
松 蝦子・星鰻・扇貝・花枝・蔬菜 1900日圓
竹 炸什錦・白肉魚・蔬菜 1100日圓
梅 蔬菜 沙鮻 800日圓
也就是說，「松」和「梅」套餐對你而言都是極端的選擇，
所以最後選剛剛好的「竹」套餐。
是這樣沒錯啦…那這樣又怎麼了嗎…？
這是故意設計的。
欸？
是菜單故意設計成價格有差距，
讓客人會選「竹」套餐。
所謂的「松竹梅法則」就是指當人們有三個選項時，
通常會習慣性的選中間選項。店家巧妙運用人類的心理設計了這份菜單。
菜單
【天丼】
松 蝦子・星鰻・扇貝・花枝・蔬菜 1900日圓
竹 炸什錦・白肉魚・蔬菜 1100日圓
梅 蔬菜 沙鮻 800日圓
！
啊？
妳發現了嗎？

前輩該不會是要我的企畫也提出三種吧？
答對了♪
因爲妳每次向客戶簡報時都只提出兩種方案。
是喔
下次我會試著提出三種。
會這麼順利的解決嗎…
人類對最便宜和最昂貴這種極端的選項，會有避開的傾向，
這就是所謂的「極端趨避」。
要選竹嗎？
時常可以見到針對消費者的此種心理，事先預備好
中庸選項的市場行銷策略。
松
昂貴
梅
竹
剛剛好
便宜
你這傢伙，可不可以不要每年都帶新人來，不停解釋自家店裡菜單設計的用心啊？
反正是兩個竹套餐是吧？
什麼？這是前輩家啊？
菜單也是我設計的喔。

未經思考學習策略的機制和陷阱

嘗試錯誤的學習

例如第一次不使用輔助輪騎腳踏車時，剛開始會容易失敗。但經過多次練習後，便可毫無困難的順利成功。

優點

藉由多次反覆進行，順利達到目的的行爲，自然習得該技能。

缺點

反覆進行錯誤的行爲，也可能因此定型。

動物是未經思考學習

許多動物是未多加思索的學習適應環境的行爲。我們人類的所有行爲也幾乎是在無意識中未經思考的學習。此種「**未經思考的學習策略**」可以大致分爲兩種方式。

第一種未經思考的學習策略是**在錯誤中學習**。多方嘗試各種看似不錯的選項，再多次重覆實際上順利進行的選擇，一邊微調、一邊摸索著更好的行爲方式。

第二種學習策略爲「**模仿學習**」，即單純的模仿周圍多數人的行爲，再複製同樣的行動。而且如果周圍的多數人已經由錯誤中學習摸索出較好的方式，學習

模仿學習

模仿傑出的舞者，多次反覆觀看舞蹈動作並試著一起跳舞，這種學習法稱爲「模仿學習」。

缺點	優點
可能會因從衆效應，被導至錯誤方向。	模仿對象優秀者，便不需自己摸索學習方式。

者只要模仿這些行爲即可。既不需花時間、也不會遇到失敗，便能有更優秀的結果。人類能適應當前的環境和狀態，便是以上兩種學習策略的功勞。

未經思考學習策略難以適應環境的變化

不過，這些學習策略有難以應付環境變化的問題。而模仿學習的機制裡，也存在著群衆可能蓄意帶風向的危險。唯有理解未經思考學習策略的機制和弱點，才能產生更完善的行爲。

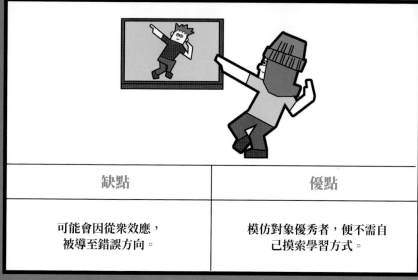

2-1

人類會重複執行成功的行爲

——嘗試錯誤的學習策略和習慣化

總是無法
做完工作的A男

用已成習慣的流程
迅速處理工作的B女

在錯誤中學習的學習策略

進行多方嘗試後，會重複進行順利達成的行爲，停止遭受阻礙的部分。雖然這是非常單純的機制，但我們因此**能做出適合環境和情況的正確行爲**。

其他動物也可完成這樣的學習，像想要嘗試新食物、想試試新方法、想去沒去過的地方等**衝動和好奇心，便是「動物腦」爲了啓動在錯誤中學習的機制而自動產生**。人類因爲能交互使用「**人類腦**」，可比其他動物更有效率地達成在錯誤中學習的流程。在基本的思考機制上，與其他動物沒有太大的差異。都是在嘗試多種方法後，多次反覆進行順利的行爲再做決定。

這樣的智慧可以運用在教養孩童和教育上。**給予他們良好行爲的建議，便能使學習者在嘗試錯誤中進行有效率的學習**。當做出良好行爲時給予鼓勵、發生不適當行爲時要求改進，就能**改善並強化在錯誤中學習的流程**。

養成習慣後速度提升

多次反覆進行已學習的行爲，便能使行爲變成習慣，不需思考、花太多時間也能完成。

開車、演奏樂器和日常的工作皆是同樣道理。一開始遇到沒有訂下具體作業流程的工作時，會很煩惱不知道從何下手。做起事來綁手綁腳，非常花時間，一定也有很多錯誤。但藉著在錯誤中學習摸索，漸漸達到穩定正確完成工作的狀態，並將所有步驟內化成習慣，就能很有效率地達成既定工作目標。

日本有句諺語是「好者能精」，意思是因爲喜歡某件事物、對它擁有極大的熱情，便會持續往這個方向不斷反覆努力，進而變成這方面的專家。當我們剛開始進行一件事時，雖然會發生阻礙，但先試著不輕易放棄、堅持一段時間吧！

丹・艾瑞利

松竹梅法則——極端趨避

兩個選項會使很多人猶豫，也有人無法下決定

竹套餐完全賣不出去，應該也沒有到那麼貴的程度
壽司外帶
梅 1000日圓
竹 1500日圓
我要梅套餐
請給我梅套餐
梅套餐

有三個選項時，中間選項便會超級熱賣

這樣竹套餐變得好賣多了
壽司外帶
梅 1000日圓
竹 1500日圓
松 2000日圓
選竹套餐好了
竹套餐好像比較好耶，
請給我竹套餐
誘餌效應

不可思議的人類行爲習慣

動物透過身體本能的學習、嘗試錯誤以及模仿學習的結果，習得適應周圍環境和狀態的行爲。這些行爲相當多樣，有些甚至奇妙到讓人不禁想歪著頭問：「爲什麼？」

人類有許多不可思議的行爲習慣，在行爲經濟學稱爲「**捷思法**」和「**偏誤**」的行爲，即是指在無意識中學習並成爲習慣，當事者也無法解釋爲何要這樣行動。

極端趨避

在這裡介紹一個「**極端趨避**」的有趣例子。例如，如果菜單裡有「大碗」、「普通」、「小碗」三種選擇，大多數人會選擇「普通」。雖然也有例外，但許多人也難以解釋**不知爲何會選中間那一個**的行爲。

什麼是誘餌效應

「**誘餌效應**」是行爲經濟學家丹・艾瑞利運用人類的心理擬定的市場行銷策略。

例如，一家鰻魚餐廳的老板提供竹和梅兩種套餐，希望客人能夠選擇竹套餐。然而，當只有兩個選項時，客人可能會猶豫不決，無法確定是選擇高品質、高價的「竹」套餐，還是低價的「梅」套餐，最後也不一定會選「竹」。

因此，再提供一個更昂貴且更高品質的「松」套餐作爲「誘餌」。結果，神奇的是，客人便開始選擇「竹」套餐。

這樣一來，如果你有想要推銷的商品，可準備一個相對於上下都略顯吸引力不足的「誘餌」，效果會更好。

像鰻魚飯、蕎麥麵、壽司等日本料理菜單中的選項通常不會是2種或4種，而是「松、竹、梅」3種，這樣的銷售習慣是有其道理的！

2-3

爲何不知不覺中想要模仿他人的行爲——模仿學習的機制

他足球踢得很棒的原因是…？

代表日本參加世界盃足球賽與各國最強代表激烈競爭的選手，大都有這樣的經驗。

收看世足賽轉播時，看到人氣明星球員優異表現而深受感動，激發心中澎湃熱情不斷練習足球。

練球時，心中有強烈意識想模仿明星球員的球技，技巧進而漸漸成熟。

在多次不斷反覆練習中，才能達到人稱爲天才般優秀的程度

動物腦促進模仿學習

在嘗試錯誤中學習需要花費時間，並且有失敗的風險。但是，**如果其他人已經在錯誤中找到良好的行爲模式，那麼模仿他們便可以在短時間內，以更低風險找到達成目標更好的方式**。因此，許多動物也本能地進行模仿學習。

雖然人類可以在仔細思考後模仿他人的行爲，但動物腦在人們不自覺中促進人類模仿學習。像看到其他人吃某樣東西，自己也想吃。看到其他人穿某種款式的衣服，自己也想穿同樣款式，**這些突然湧現的欲望即是因動物腦而產生**。

模仿偶像使自己更進步

世界上有許多看過世足賽的孩子們，十分崇拜梅西的表現而開始踢足球。看到優秀球員的傑出表現，會讓人也躍躍欲試想模仿球員的動作。**有了好榜樣，可以有效學到高水準的行爲**。再透過多次反覆練習，像天才一樣優秀傑出的球員便得以誕生。

只有理解無法提升水平

爲了使高水準的行爲成爲習慣，無法僅靠頭腦理解。例如，學習外語時只知道正確文法，並無法保證能流暢對話。**透過多次反覆的實際溝通練習，「動物腦」才終於能在會話中產生協助的功能**，人們也漸漸變得可以用類似說母語的感覺來說外語。

日本人不太擅長說外語。重要的是發揮模仿學習的本能，找到一個想模仿的對象，並在過程中保持興趣，持續使用外語。

2-4

有時質疑習慣也很重要

那眞的是最佳選項嗎？

在變化迅速的現代社會中，或許某種習慣早已不合時宜

學習本能與習慣化的陷阱

未經思考的學習策略和習慣化的最大問題在於，**難以面對狀態或環境的變化**。因爲當我們周遭的狀態或環境產生劇烈改變，**已變成習慣的行爲便再也不是最適當的方式**。

即使現在在某間日式西餐廳裡吃蛋包飯是目前的最佳午餐選項，當店家研發了新菜單或有新的餐廳開幕，或許這個最佳選項就會有所改變。然而，因爲沒有多加思考，便沒有發現。

在新冠肺炎疫情漸緩後，即使能開實體會議，選擇線上會議的情形也愈來愈多。線上會議的技術早在新冠肺炎流行之前即可使用，但多數人都不願意嘗試。這便是因爲如果不是新冠肺炎肆虐全球，逼迫大家只能選擇線上會議，多數人根本不願意改變長久以來的習慣。

如何面對環境和情況的變化

現代社會變化十分快速，**目前培養的習慣應該會在某個時間點就變得不合時宜**。可能只是自己在沒有發現的情況下，就已經有更佳選項和作法出現。要改變已養成的習慣不是件簡單的事，但如果執意固守舊習，應該在之後會非常後悔。

因此，在有餘裕時，不妨試試做點和平常不同的選擇。也許因此能發現目前習以爲常下的問題所在。如果發現有很大的問題，便應該鼓起勇氣改掉這個習慣。

我們人類之所以有人類腦便是這個原因。

就像在新冠肺炎疫情中的經驗一樣，要培養新的生活習慣不是一件容易的事。任何人都會感到疲憊。在改變習慣時，要注意不要太勉強自己！

2-5

多數派不一定正確——模仿學習的陷阱

索羅門·艾許的從眾實驗

心理學家索羅門 艾許
進行了以下實驗。

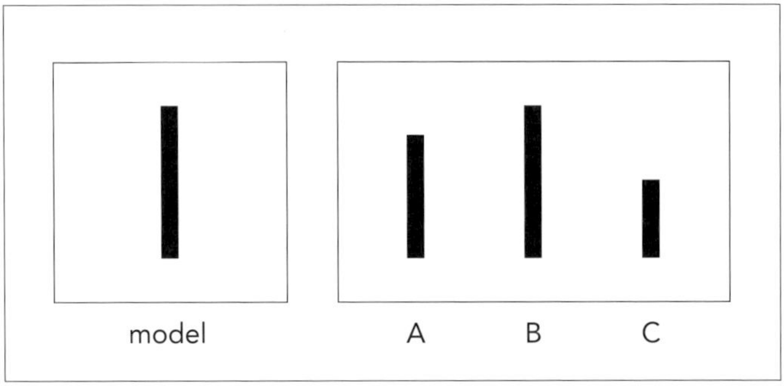

請從A・B・C三者之中，選出和樣本長度相同的線條

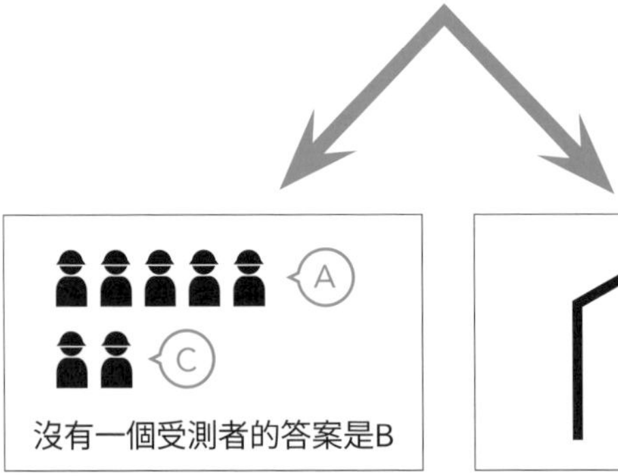

請多位受測者同時進入房間。但實際上只有一位是受測者，其餘七位都是安排好的樁腳。樁腳們全部都選A。如此一來，其他受測者也跟著全部選A。因爲「其他人都回答是A，所以我也覺得這是正確答案」。

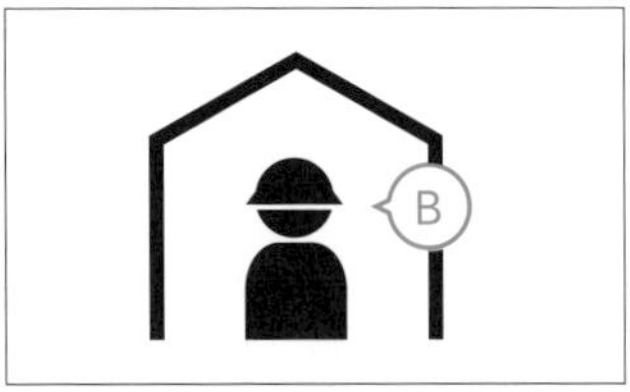

請一位受測者從右邊選擇和左邊盒子內相同長度的線條。正確答案是B，受測者的回答也是B。獨自一人接受測試時，這是一題回答準確率高達99%、淺顯易懂的簡單測試……

一旦從眾的本能遭到濫用，得以引誘他人從事錯誤的行動或選擇。

容易忽略的模仿學習陷阱

雖然**模仿學習**有不需花太久時間、沒有失敗的風險、可以有好的選擇等優點，看起來是個非常有效率且沒什麼太大問題的學習策略，但**這一切都是在前人已經嘗試過錯誤、已選擇更好的選項爲前提**。如果是在任何人都尚未學習優良的行爲、每個人都在未嘗試錯誤的情況下直接模仿，很可能就會有許多人做出無法適應狀況和環境的不良行爲。

因此，即使是多數人的行爲並無法保證其正確性。

有意濫用模仿學習本能的人

從前面提過的心理學家索羅門・艾許所作的「**從衆實驗**」中，我們可以得知有許多人中了椿腳故意設下的陷阱，因而做了明顯錯誤的選擇。因此可以證明若是有意濫用人類「**從衆行爲**」的傾向，便**可以誘導他人或群體做出錯誤的選擇或行爲**。

也就是說，只要蓄意散布「大家都支持某某某喔」的假消息，便可以使多數人成爲某某某的支持者，這眞的是一件非常恐怖的事！像從前的納粹和戰爭時的日本、之前美國前總統川普支持者的陰謀論，還有最近俄羅斯進攻烏克蘭時對國民洗腦的行爲，都是從衆本能所產生的悲劇。

在模仿學習的情況下，發生許多人進行相同行爲的從衆現象，在社會科學的許多領域中已有廣泛的認知。在心理學中稱此種現象爲「**從衆行爲**」、經濟學裡常稱爲「**羊群效應**」(herding effect) 或「羊群行爲」，政治學裡則稱之爲「**樂隊花車效果**」(Bandwagon effect)，無論是哪一個領域，都明確指出了模仿學習的陷阱。

筆者雖然可以理解批評信奉陰謀論者的心情，但只有批評卻無法理解這種心態的話，並不能解決問題。試著理解的過程是解決問題的重要步驟。

2-6 有少數人「討厭排隊」的原因

看到大排長龍的隊伍也忍不住想去排隊（多數人）

本能

明明完全不知道爲什麼要排隊，卻對長長的隊伍十分好奇。最後忍不住也去一起排，還買了自己完全不需要的東西。這就是從衆行爲、群衆心理的機制。

VS

?

偶爾也會遇到「看到大排長龍的地方就想避開」的人。因爲麻煩嗎？還是因爲那不是想要的東西呢？

也有人不會被從衆行爲、群衆心理影響。這是爲什麼呢？

避免絕種風險，延續種族生命

從衆行爲或群衆心理，是人類模仿學習本能引起的產物。看到他人的行爲後，自己在不知不覺中也跟著複製同樣的動作是非常簡單輕鬆的事。看到大排長龍的隊伍會忍不住想一起跟著排隊，也是同樣的心理。但偶爾還是會遇到不喜歡大衆偶像的人，或是討厭排隊的人。

爲什麼會有這種人呢？這是因爲如果某個物種全部選擇了某個錯誤的選項，此物種便會面臨滅亡的危險，所以便產生了預防的機制。假設有一種非常美味的毒菇，食用後三天毒性才會發作。因看到每個人都吃得津津有味而跟著一起大快朵頤的人，也許都跟著一起小命不保。

以進化論角度來解讀行爲經濟學的研究者認爲，應該每一個物種都存在著不受其他個體行爲影響、擁有學習本能的生物吧？因爲這是讓物種得以生存、免於滅亡危險的基因保護機制。

爲了風險管理的突變

有學者認爲前述假說和發生突變的原因一樣，是人類學習本能中爲了延續種族生命的風險管理發生了突變。

這些不喜歡排隊的人，可能是天生就會想和其他個體做出不同的舉動，或是人類腦中的控制力比其他個體強大，較擅長感受察覺危機的存在。

如果這是個正確的假設，周遭不會隨群衆行爲起舞的那些人是非常重要的存在，甚至應該對這些人產生敬意！但實際上這群人常會被稱爲異類、被嫌棄討厭，更容易將他們視爲問題之源，我們都應該要尊重周圍那些與多數人意見不同者的多樣思考和想法。

許多人都強調多樣性是產生創新的重要關鍵，雖然人們的大腦裡都明白這一點，但要接納與自己不同的意見實在不是件簡單的事，這是個看似輕鬆簡單卻十分困難的課題。

大腦的演化可提升學習能力

蜜蜂
擁有大腦但很小巧

- 一出生即可進行「懸停」這種靜止於空中的高難度飛行動作
- 具有極高度的社會行爲能力。例如會築巢、能分工合作等
- 缺乏適應環境變化的學習能力

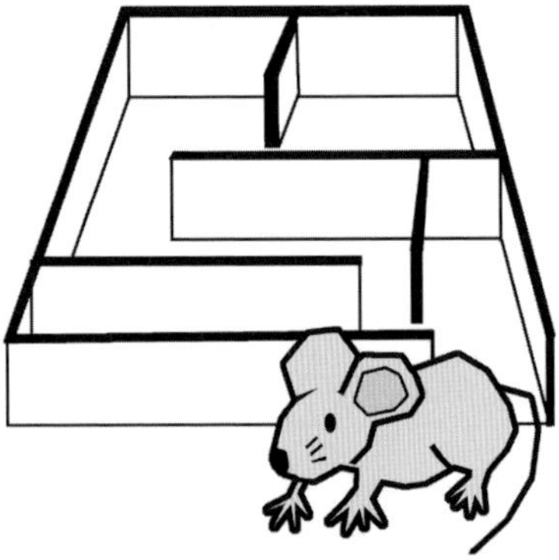

老鼠
雖擁有大腦，但相對來說較小

- 可在嘗試錯誤中學習
- 可改變行爲適應周遭環境，例如記住走出迷宮的方法
- 無法自主思考後再採取行動

人類
擁有發達的大腦

- 可使用「人類腦」思考後採取行動
- 能在學習中成長
- 可藉由反覆練習學會高程度的技能
- 會使用語言和文字累積知識和智慧，並與他人共享

與生俱來的本能學習行爲

生物的多種行爲都屬於**與生俱來、已設定好的天生本能**。人類和其他動物在「應該採取什麼行動？」這部分的決策過程時，通常都是取決於遺傳基因。

然而，某些生物的本能行爲完全無法適應環境，導致此物種迅速滅亡。理所當然地，這些被自然界淘汰的物種便沒有後代子孫，也無法留下基因。

如果我們仔細觀察這些自然淘汰過程中**得以存活的物種，會發現他們的行爲會變得更加適應環境，這就屬於天賦本能的學習行爲**。因這種先天的學習過程橫跨數個世代之久，所以我們自己無法感受到任何變化。

雖然人類自己對這種演化毫無自覺，但人類的行爲足以令人感到訝異且具有相當水準。我們的身體會在無意識間呼吸、進行消化作用、排汗、調整體溫，以維持生命所需。當營養不足時，我們會感到飢餓並補充所需的營養以免於死亡、會對異性產生興趣則是爲了留下後代，這些都是天賦本能中已設定好的部分。

自動啓動人類腦

大腦新皮質在持續演化的過程中，讓「人類腦」逐漸變成能自動啓動，是人類腦部進化過程中一個非常重要的里程碑。這使人類可以依自我意識採取行動、能自主選擇學習或成長。在生物學中，「我想學習」、「我想學這項技能」這些以自主意識選擇將要採取何種行動屬於非常高水準的生物行爲。

這是人類歷經長久時間的演化才擁有的能力，身而爲人的我們應該好好善加運用。

雖然行爲經濟學通常都是觀察人類行爲不理性之處，但歷經自然淘汰過程的人類行爲，實際上都是配合環境且有一定的合理性。

行爲經濟學家③

赫伯特・西蒙

批判傳統經濟學的諾貝爾經濟學獎得主

赫伯特 ・ 西蒙（Herbert Alexander Simon）是一位取得政治學博士學位的政治學研究者，對經營管理學、語言學、社會學、組織理論、系統科學等眾多領域都有深遠的影響。**在1978年時，因終身研究經營管理大型團體的行爲和決策相關議題而榮獲諾貝爾經濟學獎**。

雖然西蒙並未被認定是行為經濟學者，但他是早期經濟學家中對傳統經濟學**以「理性人類」爲前提假設提出最有影響力批評的學者之一**。是為早期行為經濟學開門立戶、極為重要的人物。

西蒙將位於**理性和非理性夾縫中的人類，以「有限理性」的概念定義**。這顯示出儘管人類可能試圖採取非常理性的行為，但由於各種條件的限制，他們只能擁有有限的理性，這是行為經濟學中非常重要的概念。

西蒙提出了一種「捷思法」概念，即人類的大腦系統不像數學上會求取最佳解一樣嚴格追求最好的答案，而是透過大致掌握對方的資訊再作出判斷。在本書的第四章中介紹的「代表性捷思」和「可用性捷思」也是由西蒙提出的概念，後來由康納曼和特沃斯基發揚光大。

儘管西蒙持續徹底批評傳統經濟學，但許多傳統經濟學家都對他的理論表示有其道理，是一位對行為經濟學基礎的確立擁有相當影響力的學者。

◎赫伯特・亞歷山大・西蒙（Herbert Alexander Simon）：出生於1916年6月15日，於2001年2月9日去世。是美國政治學家、認知心理學家、管理學家。1978年時，因畢生研究有關經營管理大型團體的行爲和決策相關議題榮獲諾貝爾經濟學獎。

第3章

「直覺判斷」的機制和對策

我們可以理解喜悅和悲傷等情緒的表現，與其產生原因的大小並非呈現正比例的關係。讓我們試著從行爲經濟學的觀點來探討人類這不可思議的情緒變化吧！

雖然爺爺宣布要進行斷捨離…

下定決心
我會好好收拾房間的！
拍拍手
加油加油！
凜，妳也來幫忙。
驚！
欸欸…為什麼找我？
翔忙著參加社團吧？
我現在也要去兜風的耶。
會給你一點獎賞的喔！
心動！
獎賞！
好喔！好喔 我們一起下定決心!!
我一定會幫爺爺的房間整理乾淨給大家看！
拜託你了！

ドーン
這感覺很辛苦耶~~
握拳
決定要整理，就趕快開始吧！
啊，爺爺剛說的獎賞是什麼啊？
看你有什麼想要的，就拿去吧。
傻孩子，
每一個東西都充滿回憶、十分寶貝啊！
欸…這些東西不都沒用了嗎？
呃…
也不是我的回憶啊…

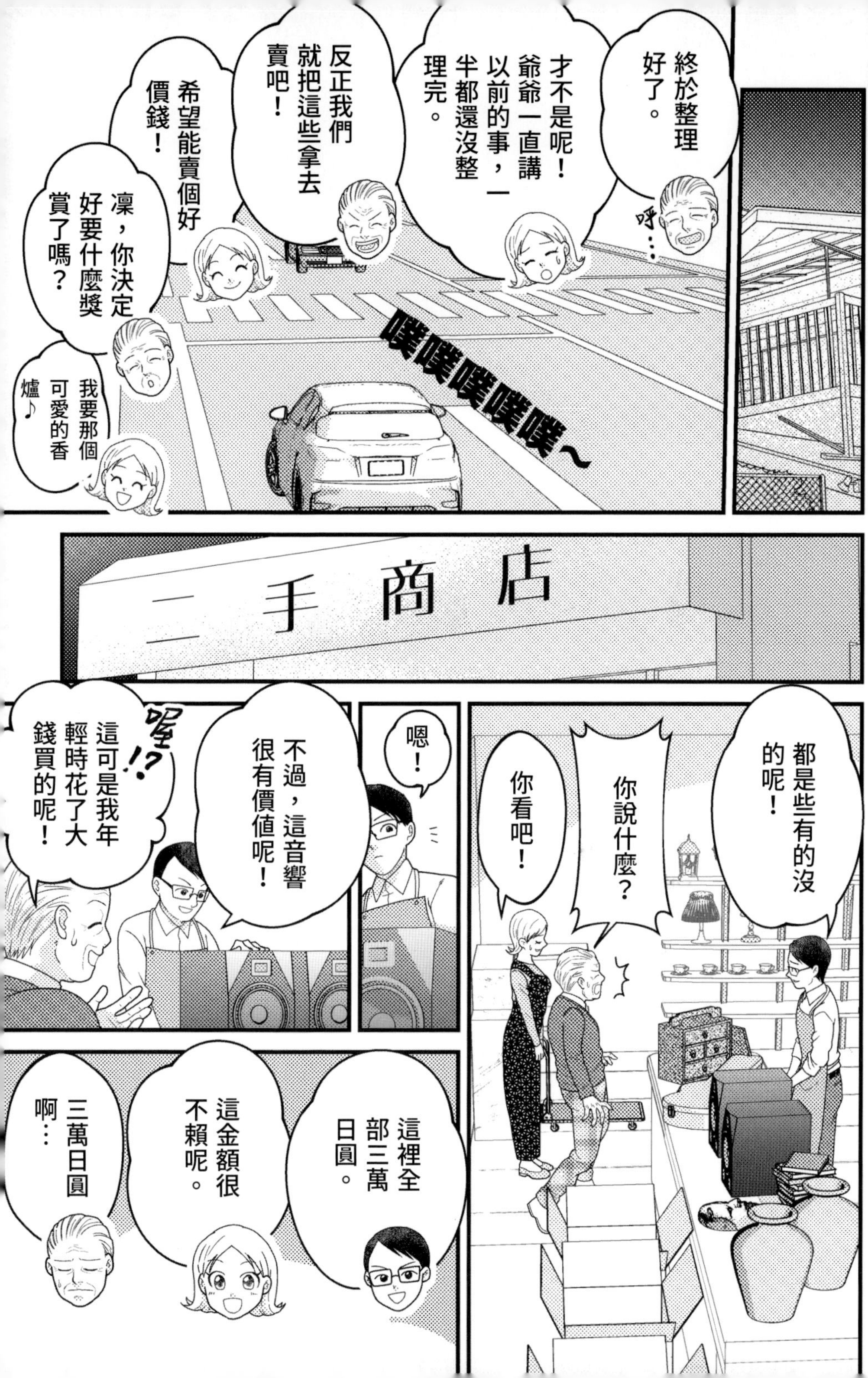

終於整理好了。
呼…
才不是呢！爺爺一直講以前的事，一半都還沒整理完。
反正我們就把這些拿去賣吧！
希望能賣個好價錢！
凜，你決定好要什麼獎賞了嗎？
我要那個可愛的香爐♪
噗噗噗噗噗~
二手商店
都是些有的沒的呢！
你說什麼？
你看吧！
嗯！
不過，這音響很有價值呢！
喔!?
這可是我年輕時花了大錢買的呢！
這裡全部三萬日圓。
這金額很不賴呢。
三萬日圓啊…

欸！這有必要煩惱嗎？
三萬日幣耶
嗯，等我一下。
……
嘿…嘿…
嘿…嘿…
對了！
叩嘍~
這個也請你看一下好嗎？
也許可以賺點零用錢。
香爐嗎？品質不錯喔！
心怦怦跳
這5200日圓喔！
喔！
5200日圓啊…
怎麼樣？
決定了嗎？
嗯。
什麼？

怎麼全部帶回來了？
叩嘍叩嘍
很難相信吧？
啪！
爲什麼不需要的東西也無法丟棄呢？
讓我們試著以行爲經濟學的角度思考一下吧！
人們常對一旦到手的事物難以放棄，行爲經濟學稱這種心理上的傾向爲
「稟賦效應」。
雖然好處是獲得金錢，但卻要失去舊物，在心理上損失物品比獲得金錢還令人難受，
即使有具吸引力的提議，還是很難下決定。
結果，我自己也無法賣掉香爐……
明明根本用不到……

人類在什麼情況下會記住幸福的感覺呢？

從實驗中學到的喜怒哀樂機制

「評價」三要素

1. 評價依參考基準點而改變

人的評價會隨主觀產生很大的變化。評價容易依參考基準點而改變。

2. 厭惡損失的情緒極爲強烈

人類最討厭損失。與獲得利益的興奮相比，遭遇損失的悲傷情緒要強烈許多。

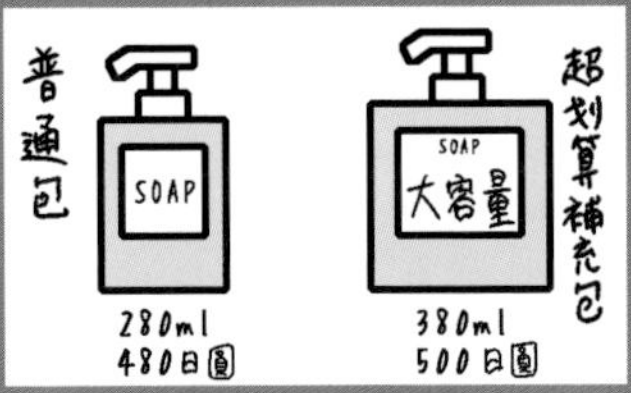

3. 損失愈多、感覺愈麻痺

遭遇損失時，也容易面臨風險。但損失感麻痺後，容易賭上運氣、聽天由命。

爲什麼人類會有喜悅、幸福的感受？

活在這世上的每一個人，都想要擁有幸福。那人們在什麼時候會感受到幸福和喜悅呢？**行爲經濟學以實驗解開人類感受幸福和喜悅的方式之謎，並將情緒感受架構規律化。**

人們覺得「好開心！」或「好幸福喔！」，是因爲對發生的事物打了分數。**評價有「參考基準點」、「損失規避」、「損失愈大感覺愈麻痺」這三個法則。**

我們從比較容易理解的「參考基準點」開始說明吧！

評價依參考基準點而改變

所有評價依參考基準點決定

假設，某間公司某年的獎金平均金額是八十萬日圓。如此一來，只領到六十萬日圓的人會覺得沮喪，拿到一百萬日圓的人會感到幸福。然而，在平均每人領到五十萬日圓獎金的那年，在互相不知道對方獎金金額的前提下，不論領到六十萬日圓或一百萬日圓的人應該都感到安心。以這個例子來說，「某年獎金的平均金額」便是**參考基準點**。

參考基準點因人而異，同一個人的參考基準點也會有所改變。也有人會以好友的獎金金額或自己第一次領到獎金的金額作爲參考基準點。**人們正是如此任性的決定參考基準點**，而我們的情緒也爲其左右。

3-1

康納曼

改變說法即可掌握情緒！——框架效應

以下兩句話都在說同一件事，但給人不同的感受

「8成機率失敗」即等於「2成機率成功」。雖然「8成失敗率」和「2成成功率」的意思相同，但以100%成功率爲基準點來說，「8成失敗率」是負面的評價。以100%失敗率爲基準點的話，「2成成功率」即爲正面的評價。

基準點不同，印象也隨之改變

行爲隨著覺得「還有四個月」或「只剩四個月」而有所不同。

忍不住和周圍的人比較

人類經常會陷入一個陷阱，就是不經意地會拿其他人和自己比較，或者再與其他人相比。

例如，在所有學生表現都很優秀的班級裡，雖然實際上自己也很傑出，只是相對來說差了一點而已，很可能就被貼上能力不佳的標籤。

或是，周遭的人得分都在九十分以上，如果有人得了八十六分，可能就會被認爲是表現得不好。然而，實際上這考試可能相當困難，想得到七十五分以上並不容易。我們往往不會以實際考試的難度來評價表現，而是以他人的得分來判斷。

人類腦不擅長絕對評價

人類腦原本便不擅長進行絕對評價。換句話說，**人類腦的架構較適合進行相對評價**。像物價的「高低」也只是與某個數字進行比較，實際上也沒有絕對的標準。

我們的評價會隨著標準的設定而改變，在前文已提過，這種在無意識間對事物進行評價的標準，稱爲「參考基準點」。

說法一變，感受完全不同

另外一點是表達和說話的方式會左右人類情感的變化。例如「手術失敗的機率爲八〇%」和「手術成功的機率爲二〇%」這兩句話，雖然表達相同的事實，但給人的感覺很不一樣。也就是相同的事實，表達方式（框架）一變，給人的感受也會有一百八十度的轉變，這就是所謂的「**框架效應**」。

運用框架效應，我們甚至能將昂貴的物品說得很便宜或將不好的事物包裝得很好。因此我們**必須謹慎小心的判斷事物，否則可能會受到框架的影響而不自知**。

人類的情感會隨著表達方式而有所改變，是因爲言語的表現讓人們心中的參考基準點有所不同。當提到有「80%失敗的機率」時，很不可思議的是人類會聯想到有100%成功的情形。

我們常不經意地受「錨點」影響

——錨定效應

覺得便宜？覺得貴？

70萬日圓的電視機賣掉了！
你覺得貴嗎？還是覺得便宜呢？
判斷價格的標準是？

【錨定】 一詞源自於下錨後船隻固定在某處無法移動的狀態。形容先入爲主的觀念或既定觀念有強烈的影響。

↓

最初接收的資訊對判斷影響很大

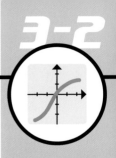

怎麼判斷「昂貴」或「便宜」？

現在我們去一個家電賣場，看到賣場裡展售著一台七十萬日圓的電視機。你覺得貴還是便宜？

最近，也常看到4K大型高解析度電視也能以十萬日圓以下的價格買到，所以，賣七十萬日圓其實相當昂貴。

但如果旁邊寫著「建議零售價一百萬日圓，今日限定特價七十萬日圓！」的特賣廣告，情況會如何呢？應該會有人覺得這個價錢還蠻划算的吧？

像前述例子中所提，**人類的情感變動機制中，最初所見資訊對決策判斷產生極大影響的現象，稱爲「錨定效應」**，這是前面提過的框架效應之一。所謂的錨，是指船舶停留在港口時固定船隻的工具。也就是說首次接觸的資訊會成爲人們腦海中的錨，牽制住人們的印象，使其無法改變。

常忍不住在電視購物頻道中購物的原因

以前述的例子而言，建議零售價即是錨點。如果沒有其他資訊，人們就會受到強烈的影響，最後很可能有人會花七十萬元買下電視。

「原價五萬日圓、只有今天特價二萬九千八百日圓！」這種在電視購物頻道中常見的促銷方式就是錨定效應的典型範例。原本二萬九千八百日圓的價格，也許會讓人覺得昂貴，但如果一開始提到定價五萬日圓的參考基準點，就能刺激消費者的購買欲，讓人們覺得「變得這麼便宜啊」。

在不解釋錨定效應的意思之前，可以先試著問問家人或朋友「你覺得七十萬日幣的電視很貴嗎？」，或許不受錨定效應影響的人，可以冷靜地做出判斷。

如果利用錨定效應，可以將參考基準點的價格設定得比販售價格高，就可讓消費者覺得便宜划算。身爲消費者時，要小心留意此種銷售手法。

3-3

賣方和買方，誰是設定高價的一方？——稟賦效應

稟賦效應的實驗

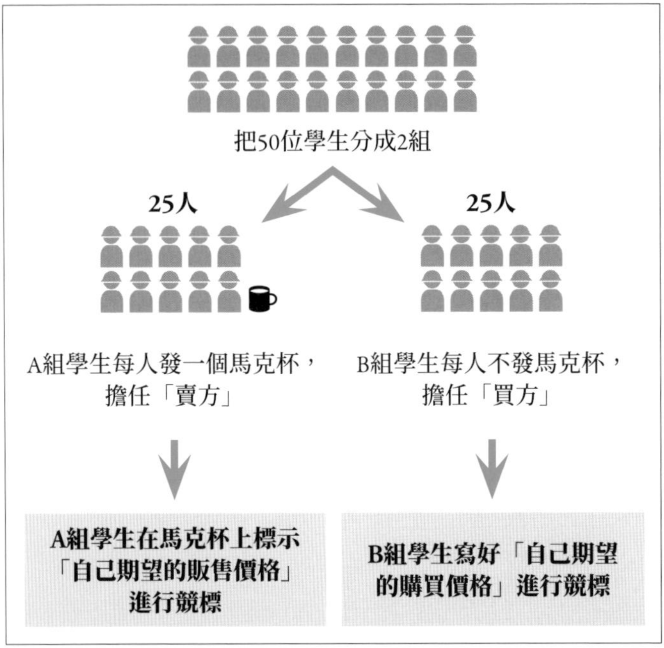

把50位學生分成2組
25人
25人
A組學生每人發一個馬克杯，擔任「賣方」
B組學生每人不發馬克杯，擔任「買方」
A組學生在馬克杯上標示「自己期望的販售價格」進行競標
B組學生寫好「自己期望的購買價格」進行競標

競標結果…

結果：「自己期望的販售價格」平均在600日圓左右，「自己期望的購買價格」平均在300日圓左右，差距很大。

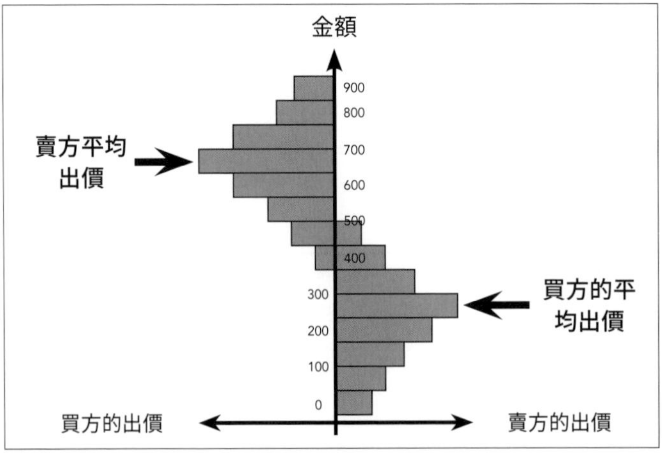

金額
900
800
700
600
500
400
300
200
100
0
賣方平均出價
買方的平均出價
買方的出價
賣方的出價

不願損失的心會避免改變

與「希望獲利」的心情相比，「不想遭受損失」的心情更爲強烈，這稱爲**「損失規避的情感」**。

即使有個遊戲能以五〇%的機率獲得一萬日圓和五〇%的機率損失一萬日圓，大多數人也不會參加。

這是因爲失去一萬日圓時的失落感，比得到一萬日圓時的興奮和喜悅更爲強烈。

損失規避所產生的其中一項行爲是**「稟賦效應」**。**一旦擁有某物，即使它並非必需品，人們也會極力避免失去**。

在稟賦效應的實驗中，賣家和買家兩者之間的價格相差甚大，便是因爲賣家受到「稟賦效應」的影響，因此將價格定得較高。

由於失去馬克杯的心很痛，所以賣家會試圖以高價出售，結果馬克杯仍留在手中。人們損失規避的傾向降低了改變（交易）的可能性。

雖然比較輕鬆，但可能有所損失

因此，人們傾向於選擇「寧可不做任何事，也不想損失」的想法，即使在需要做出決定的情況下，一旦出現可維持現狀的選擇時，人們通常會選擇不要改變。

這種傾向被稱爲**「維持現狀偏誤」**，它對我們的行爲產生了很大的影響。像是有一個期望的新工作機會，收入也會增加，卻遲遲無法決定換工作，或是有一個具有前景的工作機會，也可能因爲擔心未來會變差而產生規避損失的情緒，遲遲沒有積極動作而猶豫不前。

維持現狀雖然輕鬆，但以結果來說，卻造成了損失。

我們都能理解如果是相同金額的話，失去時難過的落寞情緒會深深留在記憶中，其影響遠大於獲得時的喜悅心情，這或許是人類危機管理的本能所產生的影響。

3-4

面對風險的態度，會因損失或獲利產生絕對改變——鏡像效應

選哪個好？❶

A：一定可以拿到2萬日圓
B：有50%的機率會拿到4萬日圓

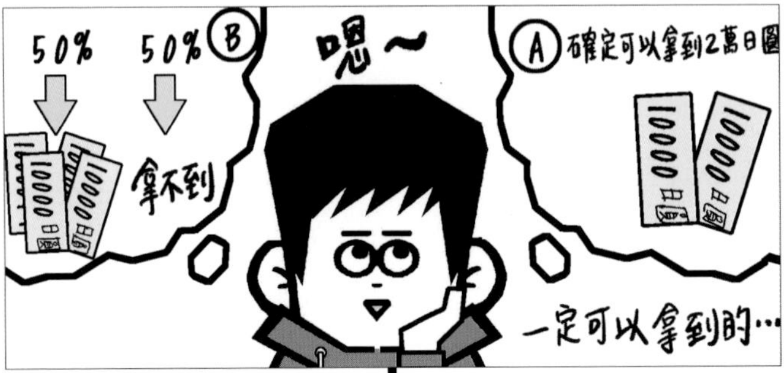

結果

多數人選擇毫無風險的
「確定可以拿到2萬日圓」

選哪個好？❷

A：一定會損失2萬日圓
B：有50%的機率會損失4萬日圓

結果

多數人選擇
「有50%的機率會損失4萬日圓」

不慎選擇了風險

雖然人類是極端厭惡風險，甚至會願意花錢購買保險的生物，但各位都知道一旦人們遇到損失，對風險的態度便會產生一百八十度的轉變。

例如，在賽馬中輸了一局，便會爲了想取回損失而加倍賭注。當損失愈大，情感也逐漸麻痺，損失五十萬日圓和損失一百萬日圓感受也變得相同。

儘管損失會令人恐懼，使人更想規避風險，但不可思議的是實際情形並非如此，人們會表現出豁出去的態度，做出對一切都不在乎的放棄行爲。

基本上，人類對風險十分厭惡，在理性冷靜的時候決不會碰有風險的事物。但若是遇到損失後或碰到幾乎發生損失的情形，反而會採取更高風險的行爲，像賭博輸了大錢或受到詐騙等。

進入冒險區

右側的問卷調查也能證明人類此一不可思議的習性。

在認爲是獲利的問卷①中，多數人選擇避免風險的「確定可以拿到二萬日圓」；在被視爲損失的問卷②裡，大多數人選了「有五〇%的機率會損失四萬日圓」此一具有風險的選項。

一旦進入損失的範圍內，對龐大損失的厭惡感逐漸消退麻痺，反而積極進行具有風險的行爲，這是人類的本性使然。

這種對風險的態度因損失或獲利而產生一百八十度劇烈改變的現象稱爲「**鏡像效應**」。

當我們聽到因賭博而產生鉅額損失的故事時，常會認爲「爲什麼要冒這樣的風險？」、「他們不也只是個普通人嗎？」但每個人都會有想挽回小損失的心理，需要時常警惕在心。

為什麼喜悅的程度會有所不同？——價值函數

康納曼

隨著金額逐漸變大，損失和獲利的感覺變得麻痺

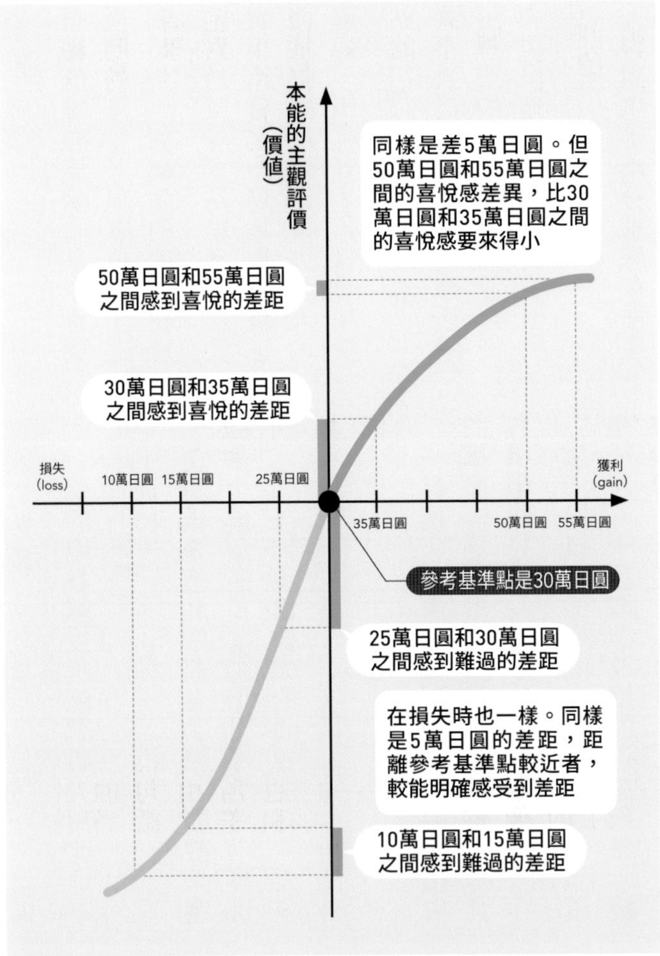

獲得100萬日圓的喜悅和失去10萬日圓的難過，哪一個令人有強烈的感受？這種喜悅的強烈程度，與金錢的面額不成比例。各位可以注意到距離參考基準點愈遙遠，曲線變得愈緩和，愈接近平坦的狀態。而基準點左下方曲線，也就是損失區域裡的線條，比基準點右上方獲利區的曲線要陡峭，這也能顯示出人類規避損失的傾向。

滿意度隨參考基準點而改變

傳統經濟學和行爲經濟學的主要差別在於，對人類滿意程度的想法。

在傳統經濟學中沒有參考基準點的概念，他們以絕對評價的觀點思考，認爲「如果收到三十萬日圓的獎金，應該每人都會感到同樣高興」。

然而，在行爲經濟學中認爲滿意度是以參考基準點的相對評價來判斷。對三十萬日圓感到不滿的原因是參考基準點高於三十萬日圓。

實際上，去年獎金爲二十五萬日圓的人會對三十萬日圓的獎金感到高興，但去年獎金爲三十五萬日圓的人則會感到難過。

在行爲經濟學中，表現滿意度的決定方式是一個稱爲「**價值函數**」的曲線圖。這張圖表呈現出一個平滑的S形曲線，這正是這張圖表很有趣的地方。

請各位仔細觀察當獎金從五十萬日圓上升到五十五萬日圓時的曲線角度。與三十萬日圓到三十五萬日圓的滿意度相比，曲線變得更加平緩。換句話說，即使差額是相同的五萬日圓，由於參考基準點不同，喜悅的程度也有所差異，當獎金金額下降時的難過程度也和這個傾向相同。

對汽車的價格感到麻痺

人們由於這種心理情感的傾向，購買汽車時可能會毫不在意的添購像車用導航等選配配件。由於購買汽車的支出高達數百萬日圓，追加購買配件的十萬日圓便顯得微不足道。

爲什麼金額愈大時，曲線的傾斜度變得愈加平緩呢？康納曼認爲這是**因爲感覺變得麻痺**的緣故，S形曲線正反映了這種現象。

因參考基準點不同，即使是相同的15度，夏天會覺得寒冷，冬天則感到溫暖。而氣溫變化劇烈到一定程度時，人體的感覺也會變得麻痺而無法感受其中的差異。

康納曼

如何決定對事件的滿意度？——峰終定律

傳統經濟學和行爲經濟學的差異

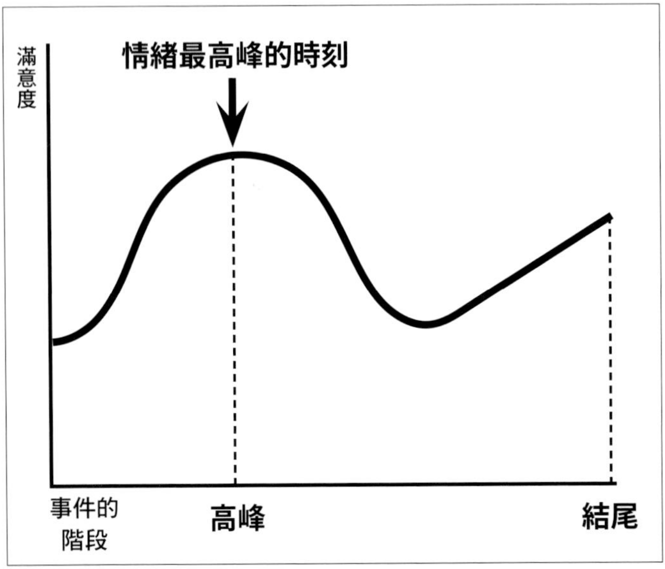

「傳統經濟學」的思考方式

聽衆對演唱會的滿意度是以整場表演的情況決定。認爲整場的滿意度是感到盡興歡樂和覺得冷場無趣兩者的綜合評價。

「行爲經濟學」的思考方式

由演唱會終場時感受到的滿意程度，決定整體滿意度。

「結尾完美，代表一切都完美」

無論是哪一種演出，都不可能從一開始到結尾都一直有趣無冷場，通常整體的歡樂氣氛，也有高低起伏的節奏之分。那各位覺得如果是長達一小時以上的大型表演，參加者對**全場的滿意程度**是怎麼決定的呢？

康納曼爲此實際進行了大規模調查，證明了整體滿意度的關鍵在於情感達到巔峰的瞬間和最後終場時的記憶，便將此種現象定名爲「**峰終定律**」。有句諺語說「結尾完美的話，一切都完美」，也不無道理。

在幸福研究的領域中，有一種觀點是「在睡前表達感謝會提升幸福感」。在一天的結束時表達感激，有助於提升當天整體的滿足感，這也是善加運用峰終定律思考出來的作法。

幸福感依照參考基準點而改變

能夠表達感謝的原因在於，不將他人爲自己所做的一切視爲理所當然。換句話說，**感謝的心情和參考基準點有關**。

當參考基準點較高時，因爲人們會認爲這是理所當然，所以要「在一天結束時表達感謝」變得困難。然而，當參考基準點較低時，即使是微不足道的小事也能帶來喜悅，對各種事物都充滿感謝的心。

只是，**將參考基準點設得太低，會有低估現狀的風險**，因此也無法一體適用。

不過人類對他人或事物的評價、情感、幸福感或滿足的感覺都會受到參考基準點的影響是客觀的事實，這或許可以**當作我們追求幸福生活的靈感**。

雖然評斷事物受到參考基準點的左右，是一個難以捉摸的概念，但重要之處在於透過情感的變化，會影響我們的選擇和行爲。希望人們能夠多了解人類內心和情感的運作架構，才能更有效的解讀人類行爲中潛藏的意涵。

行為經濟學家④

理查・伊斯特林

提出「幸福悖論」的經濟學家

提出「幸福悖論」（The paradox of happiness）的理查 ・ 伊斯特林是美國著名的經濟學家。在1974年任教於賓夕法尼亞大學時（University of Pennsylvania，現屬於南加州大學），發表了一篇名為《經濟成長可以改變人們的命運嗎？—經驗的證據》的論文而一夕成名。

伊斯特林發現：「收入增加並不一定會讓人類感受到幸福，物質生活富裕國家的人民也不一定覺得自己很幸福」，並將這個現象稱為「幸福悖論」或「伊斯特林悖論」。

事實上，根據日本內閣府在1958年到2010年之間調查數據顯示，日本人均國內生產毛額（GDP）增加約8倍，但生活滿意度，也就是幸福感幾乎沒有改變。這證明了國民的收入增加，但幸福感並未隨之提升，也代表了經濟上的富裕和人們的幸福感缺乏明顯的相關性。

為什麼人們變得富有卻不覺得幸福呢？行為經濟學家為了解決此一問題，便專注研究「透過改變**參考基準點**來控制情感的方法」。人們對幸福也有參考基準點，如果超過這個標準就可以感受到幸福，如果低於這個標準就會覺得不幸。不能只將這種現象視為純粹的情緒問題，若能考慮到「以科學方法控制行為和認知」，相信將能成為解決眾多問題的線索。

© 理查・安利・伊斯特林（Richard Ainley Easterlin）：出生於1926年1月12日。在賓夕法尼亞大學就讀時，即擔任經濟學系主任。自1982年起，擔任南加州大學經濟學教授從事研究工作。他提出了以自己名字伊斯特林爲名的經濟理論「伊斯特林悖論」最廣爲人知，他也對嬰兒潮和長期經濟衰退的波動提出相關的伊斯特林假說。

第4章

「無法預測」時產生錯覺的機制和對策

人類是一種對「無法預測的狀況」感到十分棘手的生物。若是沒有經驗的事物，也是猶豫再三、很難立刻下決定，這時容易出現的便是「錯覺」。

已連續十次沒猜中，下次一定會中！？

之前不也是一直纏著我說「給我零用錢嘛」、「給我零用錢嘛」、「給我零用錢嘛」的。
妳幹嘛這樣講啦，我可是一個高中生了呢！
……
說的也是！那你找我有啥事？
爬～
你可以幫我把這三千日圓換成一百日圓的硬幣嗎？
抽～
啥？幹嘛？這要
咱啦咱啦
我需要一百圓硬幣嘛！
妳有用一百圓硬幣存錢，三千圓對妳來說應該不是問題吧？
妳不是存得滿滿的？
你怎麼知道啊？
連重量都清楚…

那就拜託囉。
不行！
欸？爲什麼？
這可是我辛苦存下來的錢耶！
扭扭
捏捏
你到底要做什麼用的？快說！
哦～那是…
那不行。
咱
不管了啦！拿來！
我可是急著用。
啊？
鎖住了！
快從實招來。
呵呵呵，你可別太小看我啊！
唔唔…

是公仔啦！
欸？
在扭蛋裡，有我超想要的限量版公仔啊！
火大
哈哈～
都已經高中生了！還在玩扭蛋……
姊，妳自己不也在手遊的扭蛋遊戲上，
花了超多錢？
那～那又怎樣了？
我是買實際的東西，比妳只買虛擬的要好太多了吧？
你你你……
我跟媽告狀的話，妳不知會被唸多久喔……

謝啦！老姊，
拜拜！
叮鈴噹啷
我輸了…
三十分鐘後
姊～～
姊～～
啪嗒啪嗒
在幹嘛？那麼吵！
啪嗒啪嗒
嘎啦～
超緊急
快
快
快
還是請妳給我零用錢吧！
什麼？你剛不是才換了三千圓嗎？
我沒轉到想要的那個公仔。
放棄吧！
我怎麼可能會放棄呢？
跪倒～
下次就會轉到了！
你怎麼會講得那麼有自信啊？

緊急
快
緊急
已經連續十次沒有出現了！
下次一定會出現的啊！
必勝！
快
緊急
快
哪有這種事……這根本沒有道理。
像拋硬幣連續出現同樣結果時，會認爲相反的結果應該即將出現，
這是人們對機率的判斷有誤。
正面　反面
○　×
○○　××
○○○　×××
○○○○　××××
○○○○○　×××××
○ or ×
這種帶有期望的觀察心理稱爲「賭徒謬誤」。
呵呵呵，不可能連續六次
我都看透了！下次一定是「反面」
追加的錢我也投了，但怎麼都不出現？
嗚哇哇哇
要記得還錢嘿！

人類對「無法預測」的狀況常難以招架

把偶然發生的事
誤認是必定的結果且學習下來

在不知會發生什麼事的情況下，做了錯誤的選擇

對人類來說，最困難、最容易失敗和很可能產生問題行爲的狀況，就是在「**不確定的狀態**」。

不確定性是指「之後不知會怎麼失敗」和「不知道之後會發生什麼事」，**儘管有一次成功的經驗，但下次這個方法不一定仍然適用**。因此**難以從經驗中學習**，很常發生將偶然順利進行的方式誤認爲是必勝技巧，導致容易採取錯誤的行動和選擇。

事實上機率並不會改變 但還是規避風險～主觀的機率

人類容易在預測機率時發生錯誤

以彩券為例，據說中最大獎一等賞的機率是千萬分之一。因此聽到「本店開出中二億日圓大獎號碼囉！」的消息時，會充滿期待的認為如果在這家店買彩券也有可能會中獎。在年底時，御徒町或有樂町的彩券行前會大排長龍，正是因為這個心理。

另外，人類會認為「11111111」和「28750164」這兩個號碼之中，「11111111」的中獎機率比較低。但事實上，這兩組號碼都是隨機挑選組合而成，中獎的機率並沒有差別。**會造成這種認知偏差的一大原因，即是人類的**「**不思考學習策略**」。

4-1

康納曼

爲什麼我們會有中樂透變億萬富翁的美夢？——機率加權函數

什麼是機率加權函數？

如果對機率的認知沒有偏差，圖表內的線條應是成正比的斜點線。但人類對機率變化的認知不是那麼敏銳，有些遲緩。

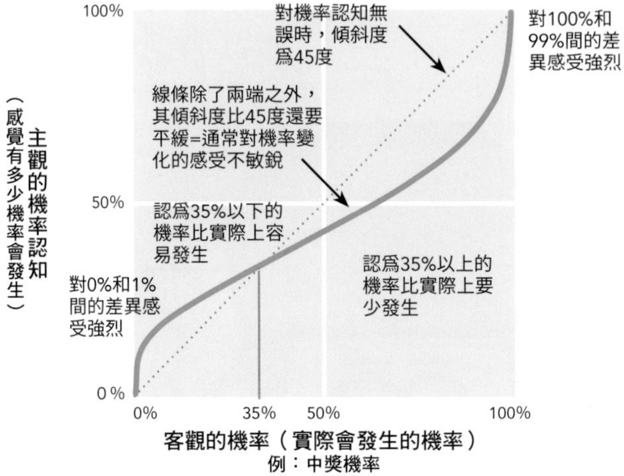

100%
50%
0 %
0%
35%
50%
100%
主觀的機率認知
（感覺有多少機率會發生）
客觀的機率（實際會發生的機率）
例：中獎機率
對機率認知無誤時，傾斜度爲45度
對100%和99%間的差異感受強烈
線條除了兩端之外，其傾斜度比45度還要平緩=通常對機率變化的感受不敏銳
認爲35%以下的機率比實際上容易發生
認爲35%以上的機率比實際上要少發生
對0%和1%間的差異感受強烈

覺得今年一定會中獎！…每個人都這麼想

彩券
興奮緊張
我一定會中的啦！
今年一定中！
有種自己一定會中的感覺！

其實彩券中最大獎的機率幾乎等於零

↓

即使如此，每年還是有許多人購買彩券的原因是，人們高估了中獎的機率！

明知彩券不會中獎卻想買的心理

傳統經濟學無法對多數人買「彩券」的原因給予合理解釋，這應該會讓各位覺得有點訝異！那是因爲傳統派學者認爲：**厭惡風險的人類不應該購買獎金期望值低於購買價的彩券**。

行爲經濟學家**康納曼**表示，人類購買彩券的原因是對**非常低的機率給予過高的期待**所造成。例如目前有中獎機率一億分之一和一萬分之一的彩券。各位了解這兩張彩券的價值有什麼不同嗎？因爲後面那張彩券的中獎機率高於前者一萬倍，所以有萬分之一中獎率的彩券價值比一億分之一中獎率的彩券價值還要高。但我們人類卻不這樣認爲，因爲**當機率變得非常小時，我們會感覺麻痺而無法有正確認知**。

康納曼針對人類在機率上的錯誤認知進行研究調查，結果顯示：人類對極小機率和極高機率容易產生錯誤的認知，並將其中的原因歸納成右頁的**機率加權函數**。

和一%機率的價值不同

對厭惡風險的人類而言，發生事故的機率下降是件值得高興的事。但機率下降一%時的喜悅程度，並非永遠相同。像發生事故機率從五〇%降低到四九%時，我們應該沒有太大的感覺。**但若從一%減少到〇%的話，就會覺得非常高興**。同樣地，人類對九九%和一〇〇%間的差距，感受也很強烈。右側的線條圖即反映這種現象，機率加權函數的曲線在正中間位置表現出比四十五度角還平緩的曲線，但頭尾兩端的部分線條都有劇烈變化。**可見〇%和一〇〇%對人類而言，都是特別的存在**。

0%和100%對人類之所以特別的原因在於，兩者之中沒有不確定的存在。一旦有不確定的因素，就必須考慮許多事情。即使機率非常低，一旦有不確定因素存在，對人類而言都是不討喜的事。

4-2

康納曼

儘管兩者出現的機率永遠是五〇%……——賭徒謬誤

拋擲硬幣時，出現正面和反面的機率一樣各是50%。如果連續5次都出現正面，下一次正反面出現的機率何者爲高？

答案A：**正面。因爲五次都連續出現正面，下次應該也會出現正面。**

答案B：**反面。因爲一直連續出現正面，反面也差不多該出現了吧？**

↓

兩個答案都不正確。

每次拋擲硬幣都是獨立的行爲，並不會受到上次結果的影響。所以出現正面和反面的機率永遠都是50%

受從前事件影響

人們對機率的認知能力非常薄弱，即使像賭徒般的冷靜沉著，也有可能誤判了機率。

在賭局上一直連吃敗仗時，會產生「感覺我差不多該贏了」的錯覺，或是雖然一直沒有贏，但卻遲遲無法收手，這樣的行爲稱爲「**賭徒謬誤**」。受到過去事件的影響，對於目前發生事件的可能性進行粗略的機率計算而有所誤解，是一種常見的陷阱，尤其是知識豐富且有經驗的人更容易受到影響。

中獎的機率很高？

無法確定的狀況中，可分爲：知道機率多寡和不知機率多寡兩種情形。例如拋擲硬幣就屬知道機率多寡的一種，但也是會引起發生賭徒謬誤的情況。

拋擲硬幣出現正面的機率是五〇%，不管再拋擲幾次這個機率也不會改變。每次拋擲硬幣都是獨立的行爲，上次的結果並不會對下次拋硬幣產生任何影響。

但如果有好幾次連續出現正面的話，會讓人忍不住想到「應該差不多要出現反面了吧」或是「下次應該會出現反面了」，這就是典型的「賭徒謬誤」。因爲無論連續出現幾次正面，下次出現正面的機率永遠是五〇%。

以前也發生過有個媽媽因爲沉迷於打小鋼珠，把嬰兒留置於車內導致中暑死亡的遺憾事件。這也可以說是因爲「差不多快贏了」的這種錯誤機率認知所造成的事故。

如果只是用小錢偶爾玩一下還沒什麼大礙，但因賭徒謬誤的心理曾經造成不少嚴重問題，希望各位不要忽略它的嚴重性。

「好像差不多快中獎了」這種賭徒謬誤的心理，再加上自己內心也希望情況會如此發展，所以產生這種現象。此種將情況發展誤判爲自己內心期待的傾向稱爲「確認偏誤」。（→P124）

4-3

赫伯特・西蒙

能做出相對正確預測的輕鬆方式

——代表性捷思和可得性捷思

直覺的判斷

所謂的代表性捷思是指：以時常發生的現象或代表性的特點進行直覺判斷。像看到說著關西方言又幽默風趣的人，會認為對方一定是搞笑藝人。

何者容易發生事故?

Q：何者容易發生事故?

↓ **衝擊很大!**

A：墜機事件 ← 錯誤

所謂的可得性捷思是指：以令人印象深刻的事物來判斷另一事件也容易發生的傾向。例如遇上車禍的機率為0.03%，而發生墜機事件的機率在0.0009%，遠低於發生車禍的機率。但是因為墜機事件的媒體報導帶給人們十分強烈的心理衝擊，令人印象深刻，所以使人覺得發生墜機的機率很高。

可得到幾乎是正確答案的預測方式

在我們的社會中有許多不了解的事物，**從可運用資訊中進行事先評估預測**是一件非常重要的事。在這裡將爲各位介紹在無意識中使用「動物腦」簡單輕鬆預測事物的方法，一個是**代表性捷思**，另一個是**可得性捷思**。捷思法是由赫伯特．西蒙（→P82）所提出的概念。

「代表性捷思」是指不關注所有資訊，僅運用代表性的特點預測事物。在我們只注意到電視節目中出現的搞笑藝人有「說關西方言」和「幽默風趣」的特點時，一旦遇上擁有滿足此兩種特徵的人，我們就會覺得這個人「可能是搞笑藝人」。

在購買彩券時，我們認爲「２８７５０１６４」比「１１１１１１１１」更容易中獎，是因爲「２８７５０１６４」更像我們過去看到的中獎號碼特徵。即使我們可能會見過像「２８７５０１６４」這樣的中獎彩券，但「１１１１１１１１」這樣的數字組合本來就少見。因此，直覺上我們會感到「１１１１１１１１」的號碼不太可能中獎。

「印象深刻」造成的錯覺

另一種「可得性捷思」是由「印象深刻」造成我們預測爲「容易發生」的方法。

當我們被問到Ｒ開頭的單字和第三個字母是Ｒ的單字哪一個數量比較多時，因爲前者讓人印象深刻，容易回想起來，所以感覺上Ｒ開頭的單字比較多，但實則不然。墜機事件由於給大眾的印象深刻、媒體也有大篇幅的報導，讓我們容易回想起這件事，使人們誤以爲它發生的頻率比實際上高。

以上兩種方式是在無意識中學習的預測法。雖然不是百分之百正確，但通常都能輕鬆得到接近正確答案的預測結果。讓我們深入了解這些特徵，並善用這些預測的習慣吧！

4-4

康納曼

發生大地震後購買保險的人數增加——風險認知

風險認知是「動物腦」的重要工作

大地震的新聞!!

↓ 「恐怖」「危險」

「動物腦」發出警告，避免危及生命的狀況。

↓

一直覺得會發生大地震，十分緊張

↓

慌張著急的購買地震險

實際上發生地震的機率不可能改變。

通常多是過度規避風險，或是對狀況過於樂觀。

「動物腦」發出警告

避免生命危險，對生物來說是最重要的事。因此當人們經歷了危及生命的事物或是了解哪些事態可能造成危險，這樣的狀況便可能出現在夢中或是在某些時候不經意地想起。結果人們的「**可得性捷思**」**便會認定這些狀況爲**「**容易發生**」，以感覺上來說便是「一直覺得好像快要發生」的緊張情緒。

各位都知道在發生大地震後，購買地震險的人數會增加。即使發生地震的機率並未改變，但只要回想起令人印象深刻、媒體不斷報導的情形，便會認爲發生地震的風險很高。

以類似事件來說，在美國常有因槍擊事件造成孩童喪命的媒體報導。因此人們認爲發生跌入泳池意外的機率會比發生槍擊事件的機率來得低，但實際上根據調查顯示，不慎跌落泳池導致死亡意外的機率比槍擊事件來得高。

質疑「動物腦」也很重要

人類認爲重大事故或天災發生的機率比實際上要來得高，可以歸功於**我們有避免風險的健全生存本能**，幸虧有這個與生俱來的能力，使人類得以在生存競爭中存活下來。

不過，卻有人想要利用這種本能，煽動人們的危機意識、使人們感到不安，想藉人類降低風險的期待謀取巨額費用，這種事件實在屢見不鮮。

在日常生活中購買家電或手機等用品時，我們很容易會一不小心就支付了昂貴的產品保固費用。因此有時候**質疑**「**動物腦**」是不是太過憂慮，也是一種非常重要的反思。

在結帳時突然被店員詢問是否要加購保固，很難做出冷靜的判斷。最好能夠先考慮妥當，做出「絕對不加購延長家電保固」等的決定性判斷是最好的解決方式。

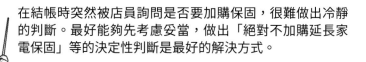

4-5

康納曼

眞實描繪的「主觀意識」過於強烈

——琳達問題的教訓

以下是有名的「琳達問題」！

問題：在參考下面的個人檔案後，猜猜看琳達從事什麼工作？

個人檔案

◉ 美國人。個性開朗、活潑外向、喜歡社交

◉ 關注歧視和社會正義的議題

◉ 曾經參加過反戰遊行

答案是哪一個呢？

A：銀行櫃檯人員

B：是女性主權運動人士，平常爲銀行櫃台人員

事實上，是「女性主權運動人士，平常爲銀行櫃台人員」這樣身分的人比例非常少。職業是「銀行櫃檯人員」的機率最高，這就是「主觀認知」影響了判斷。

爲什麼會發生「琳達問題」的錯誤？

行爲經濟學者康納曼和特沃斯基，請學生們回答右側的「琳達問題」。因爲兩個選項都屬於銀行櫃檯人員，若以機率的角度來思考，選項A的「銀行櫃檯人員」機率明顯較高，但不知爲什麼很多人選了錯誤的B。爲什麼會出現這種錯誤呢？

因爲問題中提供的琳達個人檔案裡，與多數人印象裡參與女性主義運動者的典型代表性特徵吻合，所以人們在主觀裡便會認定「這個人就是女性主權運動人士沒錯」。因爲「**代表性捷思**」**讓直覺主觀的感受過於強烈**，使人們依照自己的判斷推測琳達應該不會只是個銀行櫃檯人員並選了B的選項。

即使沒有足夠的線索，只要人們從代表性的特徵開始聯想推測成一個眞實的形象時，就會產生非常強烈的主觀認知。

想像毫不相關的事物有因果關係

假設有朋友三人一起去參加大學入學考試，放榜後全部考上第一志願。聽說他們三人在考前都參拜了同一間神社。若是有人期待地想著「參拜這間神社是不是就能錄取第一志願？」，也就犯了和琳達問題相同的錯誤。像前面這個例子一樣，**儘管只有少數案例，人們仍然會誤以爲兩者之間存在因果關係，這種錯誤稱爲「少數法則」**。

例如，相信空穴來風般的迷信，或者像在連續下雨後出現很多被稱爲「雨男」的人，這也是「少數法則」造成的結果。

這種錯誤可說是學習本能運作錯誤產生的結果。也許是因爲人類想要儘早擺脫「未知不安」的深層心理，進而催促「動物腦」急於得出結論所造成。

4-6

康納曼

只參考對自我有利的資訊
——確認偏誤和樂觀偏誤

雖然覺得多數決很民主……

看不到反對意見？

加深主觀認知的麻煩習慣

依前述說明可得知，**人類十分不擅長判斷和認知機率**。康納曼提出以下兩個重點，希望各位可以在重要場合時特別注意。

首先是「**確認偏誤**」。確認偏誤是指：人們只關心自己相信的信念或肯定的假設資訊。也就是說**人類只對自己有利的資訊感興趣，且會忽視與自己無關的消息**。

舉例來說，有位認爲自己的企畫案很優秀的課長，即使實際上有人反對這項企畫案，但因課長的內心並不希望有這樣的意見，所以反方的意見完全沒有進入課長的耳中。在現今資訊爆炸的社會裡，許多人在不知不覺中只關注、認定和自己主觀思考、既定假設互相吻合的訊息，結果便導致**偏頗的主觀意見更加鞏固而做出錯誤的判斷**。

爲什麼人類會進行樂觀的預測？

另一個是**樂觀偏誤**。樂觀偏誤是指：人們總是認爲**事物的發展會朝著自己希望的方向進行**。例如總是覺得自己支持的球隊會贏、自己的企畫案一定會勝出。雖然每個人有所差異，但多數人容易產生這樣樂觀的評估和預測。當我們能夠在腦海中眞實想像自己期待的結果且這種思緒不斷被喚起時，「可得性捷思」便會使人們產生錯覺，認爲這樣發展的機率比較高。

無論是確認偏誤或樂觀偏誤造成的錯誤認知，在商場上都可能引起莫大損失的風險。**愈是重要的場合愈要對此種主觀認知提出質疑，進行小心謹慎的判斷**。

人們常常很難發現自己錯誤的「主觀認知」。我們應該以謙虛包容的心，向可信賴的人請教且願意傾聽能指正自己錯誤者的客觀建議。

災難或事故發生後，總是有許多似乎有理的言論流傳

4-7

康納曼

從一開始即這麼認為——後見之明偏誤

對「想要理解」的強烈渴望

為了要克服「不理解」或「無法解釋」等令人不安的危險狀況，我們**具有一種「想要理解」和「想要解釋」的天生強烈渴望**。這種渴望是一種促進學習的重要需求，但當它發生錯誤時，就會產生類似「琳達問題」的**錯誤「主觀認知」**。

在這裡，我們將介紹這種「想要理解」的強烈渴望所引起的奇特認知錯誤：「**後見之明偏誤**」。

事後才說出「早預期如此」

近年來，新冠肺炎在全球大流行、日本前首相安倍晉三遇襲死亡、俄羅斯入侵烏克蘭，還有隨之而來的日圓貶值和物價飆漲以及氣候異常等，愈來愈多無法事先預測的災難和事故頻繁發生。當這樣的災難或事故一發生，總會有坊間流言宣稱「**自己事前已如此預測**」。在從前，當發生天災時，人們經常將其視為神靈或女巫所造成。但也不可否認地，這些聲音往往缺乏明確的證據或依據。但這些散布謠言者又似乎沒有在說謊。

人類擁有這種不可思議的錯覺傾向，即在事先沒有預料到的事件發生後，**我們會以為自己曾經這麼預測，或覺得事情就像「注定要發生」一樣**。這種認知錯誤就是「後見之明偏誤」。

如果輕易的接受後見之明，那麼預測災難或事故、擬定處理方式便會變得更加困難。雖然面對真相並不是一件簡單的事，但是非常重要。

到目前為止，我們介紹了多種認知的偏誤。人類對機率很難有正確的認知，學習本能和欲望也會扭曲認知。雖然難以改變這種現象，但我們應該對錯誤的認知有所自覺，並認真思考處理的方式。

行爲經濟學家⑤

約翰・梅納德・凱因斯

提出「動物本能」一說的20世紀最偉大經濟學家

約翰・梅納德・凱因斯（John Maynard Keynes）是英國經濟學家，他提出的凱因斯經濟學（Keynesian economics）成為後來總體經濟學的基礎，是個在國際舞台上活躍的政治人物，同時也扮演藏書家、股票投資者等多種角色，被譽為20世紀最重要的人物之一，也是經濟學上的代表性人物。

有**20世紀最偉大經濟學家**之稱的凱因斯，不受傳統經濟學理論的束縛，**試圖以眞實人類行爲爲基礎打造新的經濟學理論，是個具有行爲經濟學觀點的研究者**。

他最著名的理論是在代表作《就業、利息與貨幣的一般理論》中提出的「**動物本能**」。這名詞指的是一種對未來的期待，也就是會成為促進企業人士進行投資交易的渴望，也可理解為「血氣之勇」、「充滿野心的欲望」或「動物本能的衝動」。傳統經濟學認為多數經濟活動主要基於理性的動機進行，但凱因斯認為企業經營者在創業或開拓新業務時的決策，**更常是基於「這樣一定會順利」的樂觀「直覺」而非理性**，這與行為經濟學中「動物腦」觀念相符。

一起獲得諾貝爾經濟學獎的行為經濟學家羅伯・席勒（Robert James Shiller）和喬治・阿克洛夫（George Akerlof）於2009年合著發表了《動物本能》一書。他們整合了凱因斯提出的概念和行為經濟學的成果，對陷入危機的真實經濟狀況提出相關見解，引起大眾廣泛的重視和討論。

◎約翰・梅納德・凱因斯，第一代凱因斯男爵，出生於1883年6月5日，於1946年4月21日過世。是英國的經濟學家、政府官員和貴族。在擔任《經濟學雜誌》編輯和財政部官員等公職後，於劍橋大學擔任經濟研究員。其代表作《就業、利息與貨幣的一般理論》爲「總體經濟學」奠定下基礎，另有《機會論》、《貨幣論》等著作。

第 5 章

被「當下誘惑」影響的機制和解決方式

自我約束，對人類來說是極具挑戰性的任務。在面對眼前的誘惑時更顯得非常脆弱，會發生不當的行爲也是基於同樣原因。本章試著從行爲經濟學的觀點來思考，有何方法能防止類似的失誤。

無法放棄已花費的金錢和時間

どん
※咚！
ばん
※碰！
じゃん
※鏘！
已經吃不下了啦～
超開心～好好吃喔～
但是怎麼吃那麼多啊？
說好了別說出去喔…
話說回來，小凜…能聽我說件事嗎？
嗯，怎麼了？

是我男友的事啦！
他還是老樣子嗎？
嘿啊！還在不賣座的劇團當演員啊！
雖然他的志向遠大。
記得他想當電影明星？
他已經超過30歲了吧？
33歲。
想當螃蟹
蟹還行嗎？
最近，他突然跟我說，也差不多該爲將來打算了吧？
欸？
因爲爲了當演員這個夢想，
花了很多金錢和時間，沒有辦法放棄…
但考慮到現實狀況，一直這樣下去好嗎？
然後…我居然…在考慮要不要繼續跟他交往…
爲什麼？

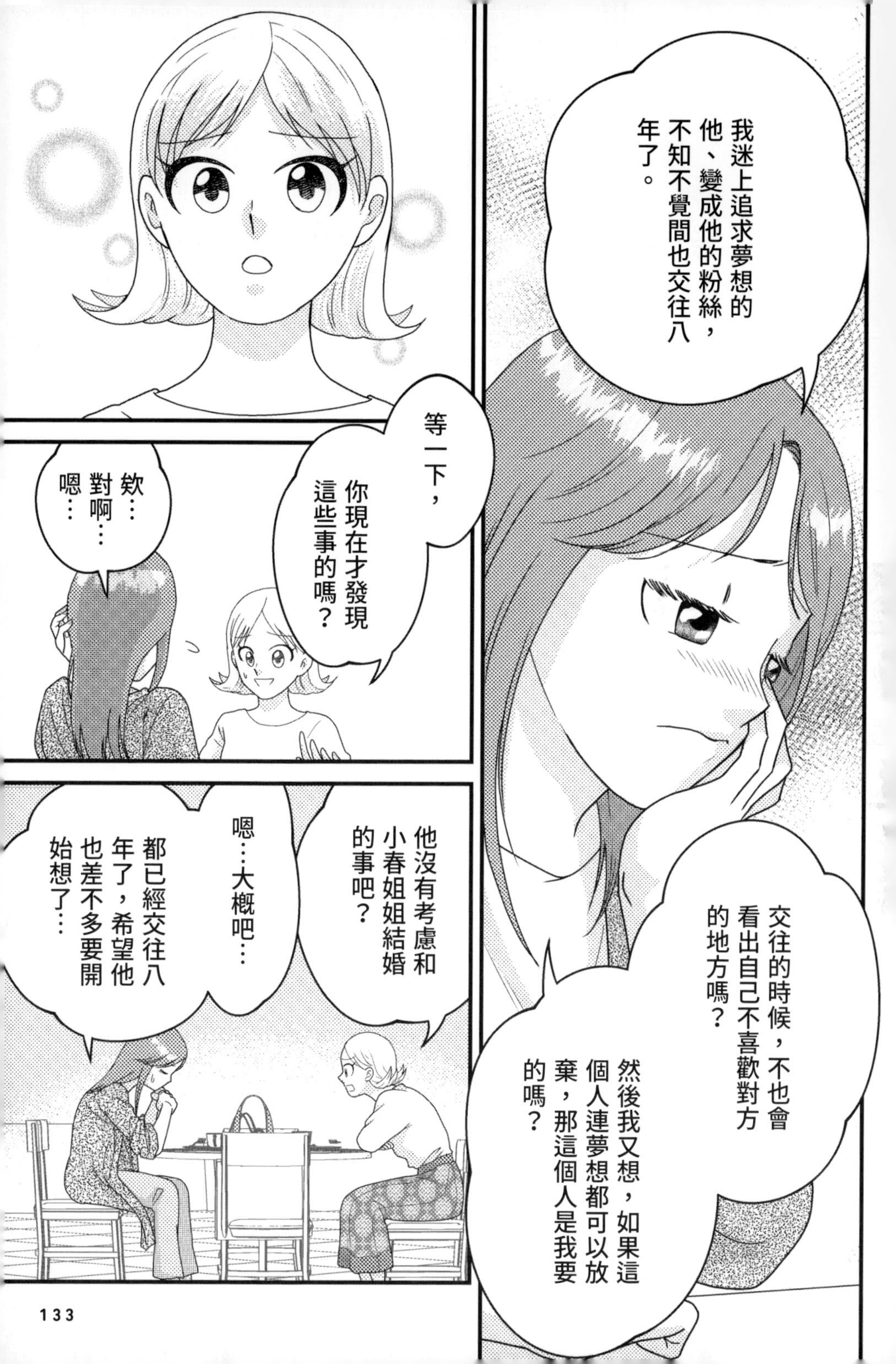
我迷上追求夢想的他、變成他的粉絲，不知不覺間也交往八年了。
交往的時候，不也會看出自己不喜歡對方的地方嗎？
然後我又想，如果這個人連夢想都可以放棄，那這個人是我要的嗎？
等一下，你現在才發現這些事的嗎？
欸…對啊…嗯…
他沒有考慮和小春姐姐結婚的事吧？
嗯…大概吧…
都已經交往八年了，希望他也差不多要開始想了…

沒錯，我覺得就是這樣。
可能是我遲遲無法下決定，一直拖著不面對而已……
但是，他也是有優點的啊！
不是我在自誇
他很會作菜、講話風趣又長得帥。
糟糕！我…還是無法放下他…
不，但是，
不過…嗯～
也就是說？
我在他身上花了金錢和時間，不想分手啦！
我想也是……

然後～如果分手後
他變成很厲害的企業家、主廚或是明星的話，我該怎麼辦啊？
嗚嗚嗚～
這樣感覺不就是我虧大了嗎？
不！他一定會成功的！
嗯…對啊…也是有可能啦～
也不是說絕對沒有這種可能…
人們一旦在某件事物上投下愈多金錢和時間，愈難中途放棄。
像投資股票時，會無法決定停損點、盲目的追加投資金額也是這個原因。
因爲人們不願意承認自我失敗的心理而產生的現象，稱爲「沉沒成本的詛咒」。
在做重要決定時，我們不應被從前束縛，而是要展望未來做出果斷的決定。
絕對沒問題
還要吃嗎？
剛剛已經說吃不下了…
這是吃到飽啊！
怎麼能不吃回本？

爲什麼減重很難成功？
——自我約束問題的機制

「動物腦」和「人類腦」的戰爭

動物腦

看起來好好吃！
想吃！想吃！好想吃！

也可以說是本能。在肚子餓、眼前又出現美食的時候，一定難以忍耐。即使不餓時，也會發出「想吃」、「想嘗嘗味道」、「還吃不夠」等多種藉口戰勝理智。

人類腦

不能吃！不能吃！
不可以吃！

理智獲勝。爲什麼想減重？如果減重的原因和目的，對自己的價值夠高，理性就可抑制本能。若只是「如果能減掉一些體重的話就減吧！也無所謂！」的心態，便很難戰勝本能。

難以抗拒眼前的誘惑

人類是一種愚蠢的生物，會無法戒掉吸菸、酗酒、吸毒或賭博等惡習，有時也會做出不適當的行爲和犯罪。爲什麼人類會發生這樣不理智的行爲呢？

在減重期間，一旦眼前出現了美食，便會有一股強烈欲望竄出讓人垂涎不已，但理智的一方又會糾結著「我想控制體重，吃下這個就瘦不下來了」。**這種內心的煎熬與糾結稱爲「自我約束問題」，和人類的問題行爲息息相關。**

動物腦的勝利模式

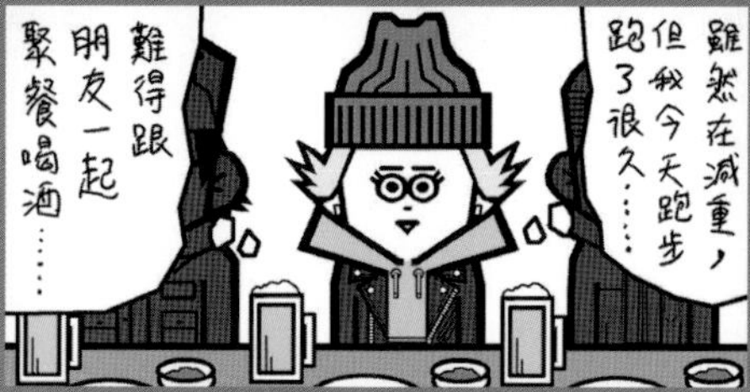

雖然內心理解不要吃比較好，但會準備許多藉口，像「因爲今天跟朋友聚會」、「今天很認眞運動」等等。一旦產生「只有今天沒關係」、「偶爾爲之無妨」的想法，動物本能便會增強。

人類腦的勝利模式

像醫師告誡一定要減重才能改善疾病症狀，或以三個月後要在朋友婚禮穿上合身的禮服爲目標等等，當人們擁有與自己切身相關的原因或目標時，就能以理性控制自身的本能欲望。

動物腦引起的強烈欲望

對眼前的食物產生想吃的念頭便是動物腦的傑作。動物腦會發出「好想吃、好想吃」的強烈需求。如果正好是在減重期間，人類腦就會發出「不可以吃」的訊號與之抗衡。不過當**理性薄弱時便會讓欲望占上風**，變成大啖美食的下場。這就是要減重成功很困難的原因之一。

在第五章裡，將會介紹無法抗拒眼前誘惑者的失敗行爲模式和機制，也會提到如何自我約束、戰勝誘惑的方法和智慧以及理性與欲望和平共存的方式。

5-1

康納曼

多數肥胖者有債務的原因——自我約束問題

多種自我約束的問題

不擅長以理性約束自己、抑制本能欲望者，
容易陷入許多自我約束的問題裡。
若人類無法戰勝誘惑，將會造成許多失敗。

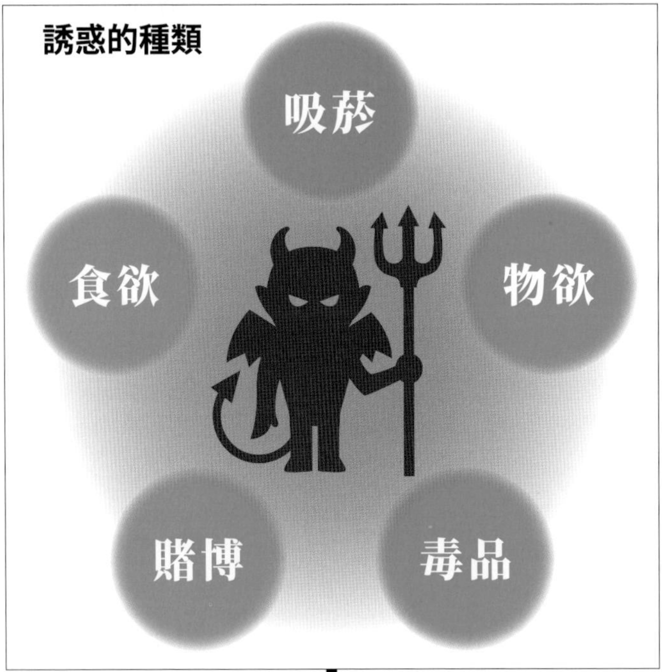

食欲和物欲也是誘惑的一種。
無法控制食欲導致肥胖者，
本身就不擅長對抗誘惑。
因控制欲望也是相同的機制，
他們有容易屈服在物欲之下
而背負債務的傾向。

爲什麼無法控制自己？

自我約束問題是理性和本能間的戰爭，會發生在許多場合。一旦理性向本能誘惑投降，就會產生營養過剩而發胖，有害身體健康、沉溺賭博而損失金錢財產等情形。像計畫進行到一半就放棄而無法繼續，也是自我約束出了問題。

但也不是每個人都常無法抵抗本能的誘惑，**以下兩點關鍵是左右勝敗的重點**。

第一個關鍵是本能欲望強度的差異。例如，同一種食物會使人產生不同強烈度的食用欲望。有一種說法是減重對女性來說比較困難，因爲女性生理週期的影響，導致欲望有高低不同的頻率變化，因此每個月會有一段食欲非常強烈的時期。女性遠比男性更容易感受到旺盛的食欲，要約束自己控制飲食誘惑是很困難的功課。

理性薄弱者通常麻煩較多

另一項關鍵是**理性力量的差別**。爲了不陷入自我約束問題的泥沼，就必須以理性控制自己。但是理性的力量因人而異，也會隨著時間改變強度。根據大阪大學的研究結果可以得知，愈肥胖者愈容易有債務的問題。因理智薄弱而減重失敗者，在其他自我約束問題上也比較不容易成功。

爲了讓我們的人生更加幸福，我們必須進行自我管理和約束。其實人們在不知不覺中爲了不犯錯而下了許多工夫，本章中將爲各位介紹人類預防錯誤的機制和方式。

各位都能理解壓力會對理性的力量產生強烈影響。像工作繁忙、有煩心的事時，理性的力量就會變得薄弱而難以自我控制。

5-2

丹．艾瑞利

無法抗拒眼前誘惑發生舞弊或犯罪行爲——謊言和欺騙

行爲經濟學
抑制舞弊或犯罪行爲的方式

1. 營造出有他人監督的感覺

在自己的舞弊行爲不容易被發現的情況下，便容易發生違法行爲和犯罪。只要讓人感覺有他人在監督，即可減少發生舞弊和犯罪行爲的機會。

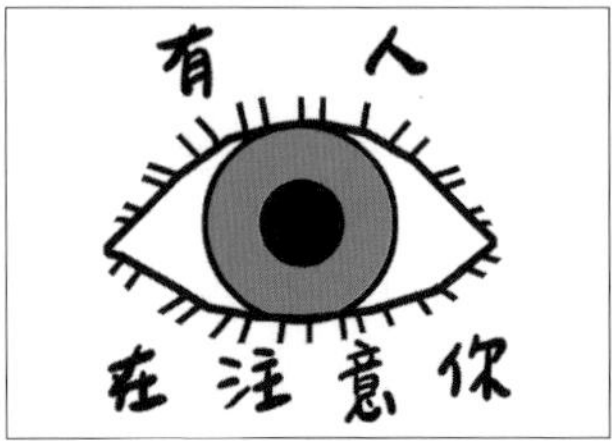

2. 強調道德規範

不用懲罰的方式，而是在舞弊或犯罪誘惑出現的瞬間強調道德規範的意識，也可降低一定程度的違法和犯罪事件。

3. 注意非現金支付的方式

人們會從心理上抗拒竊取現金的行爲，但對點數或贈品等非現金的抵抗力較弱，容易發生違法行爲。

4. 創造沒有壓力的環境

當壓力大時，理性的控制強度會下降。像經濟上富裕的人也會發生竊盜、因衝動而犯下輕罪等都是這樣的例子。

5. 應盡力阻止發生首次不當行爲

一旦發生輕微的違法行爲後，再出現違法行爲時內心也不會感覺有任何異樣。因道德觀念和正義感並無絕對的標準，而像是某種參考基準點的存在。（請參考P91）會根據自己過去的行爲爲基準，再依照情況而改變。

6. 營造沒有不當行爲的環境

一旦發現他人也有舞弊行爲，自己對發生舞弊行爲的抗拒感就會降低。像「這種程度還可以原諒」、「這樣就不行」的標準界定也是因人而異。像限制汽車的時速便是一個很好的例子。

「壞人」是否存在？

某些人認爲這世界上有壞人存在，這些特殊的人會做出不適當或犯罪的行爲。另外也有一些人認爲沒有懲罰的話，每個人應該都會做出舞弊或犯罪的行爲。

以行爲經濟學的觀點來看，這兩種都是偏頗的看法。

因爲多數人都擁有一定的正義感和道德觀念，**「人類腦」可以用理性控制由「動物腦」引起的簡單衝動**。

當然，這其中也有一些人對舞弊和犯罪行爲沒有反感，或者擁有與一般人不同的道德觀，但這樣的人可以說是非常特殊少數的存在。筆者認爲僅以少數人爲假設對象訂定防止舞弊行爲和犯罪的處理方式，或許不太適合。

一般人做壞事的原因

行爲經濟學者丹・艾瑞利以某個實驗提出了「以行爲經濟學抑制舞弊行爲和犯罪的方式」。請參考右頁第一點到第六點的內容。由此可以得知，**舞弊和犯罪的行爲並非一定都是「壞人」所爲**。

普通人也有可能因爲「沒人監督」、「大家都在做這些事啊」、「心情煩躁，想抒發一下」或者「又不是拿錢，不算偷竊」……等理由而犯下罪刑。當然，即使不到舞弊和犯罪的程度，欺瞞或矇騙也是每個人都有可能做的事。

因此，**以任何人都可能犯下舞弊和犯罪行爲的前提**，來考慮如何預防，才是行爲經濟學對舞弊和犯罪行爲的處理方式。

雖然有許多人對畫有人眼的海報效果持懷疑的態度，但據實驗結果得知，它有相當的警惕效果。人類擁有敏銳的感知能力，能察覺周遭嚴厲的眼光。

自制力會影響人生成功與否？

棉花糖實驗

史丹福大學的心理學研究者沃爾特．米歇爾（Walter Mischel）在1960年代後期到1970年代前半期進行了這項著名的實驗，內容是研究孩童時期的自制力和未來社會成就的關聯。

請四歲的孩子們集合，每個人前面有一個盤子，裡面裝著一顆棉花糖。實驗者跟孩子們說「只要能在一定的時間內忍住不吃棉花糖，就可以再得到一顆棉花糖當獎品」。

可以忍住不吃掉棉花糖的孩子，使用很多技巧。像不去看棉花糖、做其他事想分散自己的注意力或告訴自己「不能吃棉花糖」。

↓

1. **能控制自己不吃掉棉花糖的孩子，在美國一項名爲SAT（Scholastic Aptitude Test）的學業能力測驗中，比無法忍住不吃棉花糖的孩子平均得分高了210分。**
2. **在這些參加實驗的孩子們成年後，據學者繼續追蹤調查顯示，可忍住不吃棉花糖的孩子在工作上或個人生活中都有較優秀的成就。**

【結論】

根據此項實驗結果顯示，是否能抗拒眼前誘惑，足以大幅度影響孩子的未來發展。

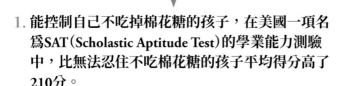

動物腦重視「現在」

發生自我約束問題的狀況有一個共同點，就是**當下問題行爲產生的結果不會馬上顯現**。「**動物腦**」**會對現在眼前發生的需求做出反應**，但不會想到有什麼後果。這種由「動物腦」引起使人們**過度重視現在而傾向做出較不好選擇的現象，稱爲「現時偏誤」**。

以下爲各位介紹一項著名的「現時偏誤」實驗。「你選擇『一年後獲得一萬日圓』還是『一年又一週後可獲得一萬一千日圓』？」，可能大多數人會選擇後者。因爲覺得如果多等待一週可額外獲得一千日圓的話比較好吧？然而，如果問「現在獲得一萬日圓」和「一週後獲得一萬一千日圓」哪個好？在這種情況下，有相當多人選擇「現在獲得一萬日圓」。這些人在第一個問題中表示等待一週再獲得一千日圓比較好，但這次卻出現了矛盾，選擇不要等一週，這是因爲「**現在到手**」對「**動物腦**」來說，**特別重要的緣故**。

忍耐的重要

心理學家沃爾特・米歇爾進行了右側的棉花糖實驗，**證實了爲了有更美好的人生，擁有良好的自制力，不屈服於**「**動物腦**」**的誘惑是必要條件**。大多數能夠忍耐不吃棉花糖的孩子在學業上有良好的表現，長大後也有不錯的工作和幸福的個人生活。而無法忍耐的孩子通常過得並不怎麼幸福。由此可知，**四歲時表現出的自制力將強烈左右未來的發展**，這項實驗結果顯示了**忍耐的重要性**，也引起人們的高度關注。

那些能夠忍耐的四歲孩童，也不僅僅是靜靜等待。據研究顯示，他們用許多技巧嘗試控制自己的欲望，像避免看到棉花糖或者告誡自己不能吃掉棉花糖，這也顯示了人性的可愛之處。

執著於已花費成本——沉沒成本的詛咒

覺得浪費的想法導致無法判斷

什麼是協和號計畫？

協和號是英國和法國一起研發的超音速客機。在研發途中需要追加許多鉅額預算，也明確知道無法獲利會導致虧損，但因爲已經投注龐大的成本費用而無法停止投資此計畫。

協和號計畫開始

↓

研發時需要追加鉅額預算

↓

了解無法獲利，討論停止投資計畫

↓

以「已經投注鉅額預算」爲由
繼續執行此計畫

↓

花費鉅資和14年的時間完成研發

↓

產品有衆多缺點，訂購數量無法增加

↓

只生產了16架客機便宣告停產是商業上的一大失敗

↓

從1976年開始定期載客，於2003年便停止服務

↓

已經下決定的事，即使知道執行困難，也很難果斷放棄，
這就是所謂的「沉沒成本詛咒」。
協和號計畫的失敗也成爲衆所周知的
「沉沒成本詛咒」代表案例。

協和號的主要缺點

- 比一般客機需要更長的滑行跑道。
- 會產生巨大噪音和音爆，使航線有所限制
- 中途不加油的話，無法飛越太平洋。航線距離短，無法飛往日本等更東邊的國家。
- 因只能載運100名乘客，機票非常昂貴。

什麼是沉沒成本？

對已付出且無法回收的金錢或費用，在經濟學上稱爲「沉沒成本」（sunk cost）。忘掉無法挽回的事物，遺忘不要再有所迷戀，並思考最佳選擇才是最好的做法，但人們往往會困於沉沒成本之中無法自拔。

像在吃到飽或自助式的餐廳裡，因想要吃回本而暴飲暴食、對不適合自己但交往很久的男女朋友難以放手、對已花數年時間準備的律師資格考試無法放棄或對已投下鉅額成本的投資無法認賠出場……等，都是各式各樣沉沒成本的例子。

是好是壞各有差異

上述提到的「**協和號計畫**」，是非常有名的典型沉沒成本案例。

關於沉沒成本的詛咒，已介紹過一些不合理且不適當的典型行爲範例，**但有時執著於沉沒成本也有其優點**。

相信各位也曾經有過儘管目前已犧牲了許多時間和金錢，但在計畫執行中還是不免浮起想放棄的念頭。不過，在某種程度下執著於沉沒成本、努力堅持到最後取得成功者，在社會上也比中途放棄計畫者容易有所成就吧！是否能不爲眼前的誘惑干擾，堅定執行計畫到最後與否，**也與自我約束問題**有關（→P138）。

當然，過於堅守沉沒成本也是一個問題。在遇到影響人生決定的重要關鍵問題時，人們都應冷靜思考是否即使不考慮那些無法挽回的犧牲，也就是沉沒成本的付出，自己也想繼續堅持下去呢？

愈是努力不懈、個性認眞的人，愈容易受到沉沒成本的束縛。像在律師資格考試時，有人認眞準備多年仍然無法考上。爲了能讓自己適時放手、毅然決定轉換跑道而事先設定參加考試的次數，這也是一個解決方式。

5-5

康納曼

一旦做出選擇就難以改變——選擇性決定意志

蒙提霍爾問題

下面有三扇門，其中一扇是正確答案，
其餘兩扇則為錯誤解答。
正確答案的門後有獎品，
而錯誤答案的門後面有隻山羊。
主持人蒙提知道答案，參賽者則否。

1. 參賽者先從三扇門中選擇一扇（但門尚未打開）

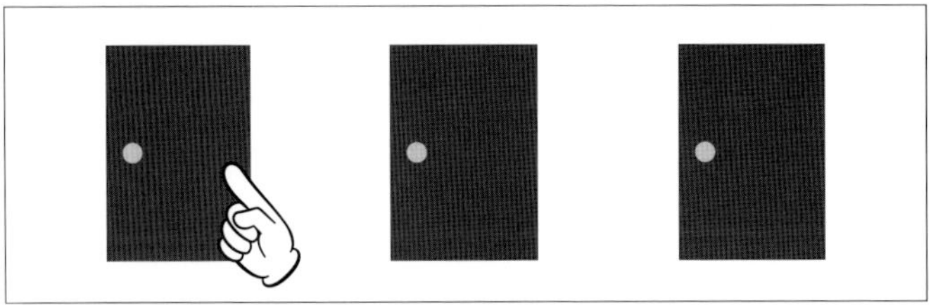

2. 知道答案的蒙提打開其餘兩扇門中的一扇，告訴參賽者那是錯誤的選項

Q. 參賽者現在可以重新選擇剩下的兩扇門。在這種情況下，應該改變所選的門，還是維持原來的選擇呢？

正確答案是……

應該改變。因爲如果不改變選擇，正確的機率仍然是1/3，但如果改變選項，正確解答的機率就會增加到2/3。

但是，很多人在知道有一扇門是錯誤答案時，誤認爲因爲還剩下兩扇門，無論是否改變選擇，獲勝的機率都一樣是1/2。

避免因無謂的事後悔

事情一旦做出決定而難以改變的原因，不僅是沉沒成本的束縛。

右邊的蒙提霍爾問題（Monty Hall problem）是許多人會犯下錯誤選擇的著名實驗。雖然這個問題有點複雜，但從結論來說，因爲「改變選擇比不改變的正確機率要提高兩倍」，所以「改變選擇是正確的決定」。然而，很多人會誤認爲「無論是改變還是不改變，答對的機會都相同」。

人類會避免後悔

這種心理錯覺本身就很有趣，但更令人玩味的是，許多人做了「不改變自己選擇」的決定。如果認爲猜中的機會一樣，應該改變選擇也無妨，但多數人還是不願意改變。

很多人會說「改變是多餘的事，如果失敗了會覺得後悔」。原來令人們討厭的不是失敗，而是後悔。而且即使一樣是失敗，不改變而失敗的後悔程度似乎比改變後失敗來得更小。

做重要決定時需要客觀的意見

在商場上，需要特別注意一旦下決定，就無法改變。我們可以時常見到由於沉沒成本的束縛和避免後悔的心理影響下，雖然在客觀上應該停止進行或修正計畫，因無法果斷決定，導致龐大損失和失敗的案例。然而，對企業的負責單位來說，卻很難保持冷靜的判斷。如果身爲組織團體的決策者，應該要對人們的這種傾向有所自覺，並考慮在做重大決策時，應納入外部專業人士的客觀建議。

蒙提霍爾問題確實是一個相當複雜的問題。如果無法理解這個理論的話，可以找個對象實驗一下，嘗試個20次就會發現改變選項是更好的抉擇。

5-6

理查·塞勒

幸運獲得的臨時收入很快就花光——心理帳戶

想要看現場音樂會時……

問題1：音樂會當天發現價值一萬日圓的預售票不見了！會再去現場買一萬日圓的當日票嗎？

問題2：在音樂會當天弄丟了原本要用來買票的一萬日圓。還會再去買當日票嗎？一萬圓不見了！

從實驗結果得知，在問題2回答「會買」的人比問題1回答「不會買當日票」者要來得多。同樣是損失一萬日圓，但人們的反應會如此不同是因爲「心理帳戶」的因素。

意外之財效應

意外收入會很快花光

•工作獲得的薪水

在人們心中會將金錢的使用方式大致分類，分配必要的使用額度。

•賭博贏得的賞金

臨時的意外收入會認定爲「用途未定的款項」而揮霍花光。

沒有事先預料、臨時獲得的意外之財很容易一下子就花光，這稱爲「意外之財效應」，也可稱爲「賭場營利效應」，是心理帳戶造成的行爲之一。所謂的賭場營利，指的是在賭場贏得的賞金。工作獲得的薪水和賭場贏得的意外收入同樣都是金錢，但人們對金錢的價值觀會因取得金錢的方式而產生改變。

防止浪費的「心理帳戶」

一旦屈服於本能的欲望，過度花費金錢，很快就會陷入背負債務的痛苦狀況。因此，也不是特別接受過這方面的叮嚀，**許多人會自行在心中大略設定各項支出的上限金額，然後在這個範圍內使用金錢**，這就是所謂的「心理帳戶」。

特別是在娛樂上的支出，設定娛樂費的上限非常重要。雖然減少娛樂費可能不會造成困擾，但如果在這方面花費過多，將對生活產生影響。

以右側的音樂會門票爲例，雖然同樣損失了一萬日圓，在問題一的情況下再購買當日票的人較少，但這是因爲他們已經在娛樂費上花了一萬日圓，再花費一萬日圓就會超出預算。這可能是因爲在心中感受到「在娛樂費上花這麼多錢可能很危險」，所以試圖節制購買的欲望。

會貸款購屋買車的人很多，但很少有人會貸款去國外旅行，這也是同樣的道理。

「不義之財難以久留」的原因

相反地，**當有臨時收入時，我們不會思考太久便迅速花費在娛樂遊玩上，這種心理稱爲「意外之財效應」**。例如，如果中了彩券獲得十萬日圓獎金，逐漸增加生活必要支出或儲蓄也是很好的選擇，但我們**通常不會改變已確定的預算規劃**，而是像要消除壓抑已久的衝動般毫不猶豫地一口氣花完。

正如「不義之財難以久留」所說的，人們會珍惜認眞工作賺來的錢，但在賭博等因運氣好的情況下獲得的錢財，往往容易揮霍殆盡。

若以能完全控制自己的前提來看，這種現象十分不可思議。但對容易受到誘惑的人們而言，「不可借貸娛樂」此一個人原則可視爲一種健康且合理的自我紀律。

5-7

不受誘惑屈服的防禦措施——保證與承諾

雖然堅持初衷值得讚美…

目標

指爲了不受誘惑干擾，自己對自我行爲的自由設下限制。

因爲減重常缺乏恆心，所以對周遭的人大肆宣揚「我一定會持續○○半年」。

因爲以確實可做到的事爲目標，半年後達成苗條有型身材的理想，且擁有目標體重。

像持續斷食這種過於激烈的目標，會因難以持續而復胖或過於激烈減重而影響健康。

如果善用目標設定法，可有效解決自我約束的問題。但若是無法設定適當的目標，也可能造成無法持續或發生其他令人煩惱的問題，需特別注意。

自己進行自我約束

有許多研究在探討如何擺脫無法克服眼前的誘惑、把問題擱置一旁等不良習慣。

以行爲經濟學來說，建議的解決方式是「承諾」。「訂立必須達成的任務目標」(commit) 在商業場合也常見，以行爲經濟學來說便是「自己要堅守自己立下的承諾」。

設定目標有許多形式，有的是向周遭親友大肆宣傳「要減重」、「要戒菸」。有些是「沒有達成目標的話就請客」、「給你〇〇」等這種**如果沒有達成約定，自己就會損失金錢的懲罰措施**。

前面已介紹過的「沒考上決不放棄」、「不貸款去國外旅行」等等，也是**遵守自我約束、訂下目標的行爲**。

謹慎訂立目標

設定目標的關鍵在於**應量力而爲**。一旦訂下無法達成的目標會變成「作繭自縛」，自己將自己陷入痛苦的深淵。

較缺乏理性者，若訂下口頭約定這種較寬鬆的承諾，很容易在中途就放棄執行。這時**應借助他人的力量，設法訂立更嚴格的目標**。

相反地，**會嚴格信守承諾者，很容易發生將目標設定的太高而引起副作用的情形**。例如在減重時過於限制飲食而妨礙了健康，這就十分不理想。

人們應該在**頭腦清晰、理性力量較強時，以「人類腦」仔細思考後再做出承諾爲佳**。

保證與承諾並不是件容易的事。有困難的人可以找專家諮詢是最有效的做法。希望可以找到適合自己又能在不過於勉強的狀況下持續執行的目標。

5-8

採取各種辦法避免失敗
——保證與承諾的方法

戰勝誘惑的五種方法

遠離誘惑的事物

看起來很美味的東西可以送人、香菸可以丟棄。製造原本就不能吃、無法抽菸的狀態。

在理性意志強的時候行動

通常夜晚容易感情用事，早晨則較爲理性。可以稍微早起，試著擬訂一天的行動計畫。

不接近誘惑的事物

避免進入已知絕對好吃的餐廳或便利商店。去便利商店很容易不小心就買了不需要的物品。

借他人之力

跟家人、朋友、同事傳達自己要戒菸的決心。拜託他們「如果我想要抽菸時，一定要阻止我喔！」

設定未達目標的懲罰

爲自己訂下罰則。若沒遵守約定，必須罰錢、給對方之前很想要的東西或請吃飯。

遠離誘惑

讓我們試著更深入思考一下保證與承諾這件事。爲了**讓人類可以戰勝誘惑**，其實有許多方式可以多想想。

首先，各位知道人類的理性在一天之中有強弱之分嗎？有人曾說過夜晚寫的情書最好別寄出去。這是因爲人類在夜晚時情感豐富高漲、到了早晨又變得理性而冷靜，因此重要的事最好在早晨決定。

此外，保證與承諾的具體策略是遠離誘惑、不要接近誘惑的事物。

不能吃的東西就送給他人或丟棄，製造絕對無法食用的狀態後就去睡覺，就算隔天想再吃也吃不到。或者是不要接近美味的餐廳、看到便利商店也直接視若無睹，**徹底避開誘惑**，**想盡辦法不讓大腦啓動想要吃美食的欲望**。

借他人之力

如果覺得只有自己一個人無法達成目標，有個方法可以借助他人的力量完成，就是事先請求家人、朋友、同事的協助，在「自己想要吃美食的時候，一定要阻止」。

而且可以告訴大家「如果自己沒有遵守約定的話，會請大家吃飯」，爲自己訂下罰則也是有效的方式。

當理性和本能欲望產生對立時，理性時常會屈居劣勢。不過一旦失控的話，很可能會發生酒精中毒、藥物或賭博成癮等嚴重的狀況。爲了避免發生這種情形，人們必須用許多方法來約束自己，而這也正是人類的一大優點。

誘惑的強度和理性的力量因人而異。各位可以學習多種保證與承諾的方式，從中找出適合自己的選項，實現理想的自我！

行爲經濟學家⑥
丹・艾瑞利

引發行爲經濟學熱潮的幽默諾貝爾獎教授

丹・艾瑞利是美國杜克大學的教授，被譽為行為經濟學研究的先驅。他透過**獨特實驗凸顯人類的不合理行爲吸引大衆的關注**。2008年時他提出「昂貴的安慰劑（Placebo）比便宜的安慰劑更有效」的理論，獲得了一個饒富趣味、模仿諾貝爾獎的獎項——**幽默諾貝爾獎**（Ig Nobel Prize）醫學獎。

早川書房於2008年出版的暢銷書《預料中的不合理—以行為經濟學解答「你為什麼會選擇它」》(《誰說人是理性的》，中文版）中，**以有趣的實驗解讀人類不合理且滑稽的習慣**，像是「不會偷現金，卻可以習以為常的拿走鉛筆」、「雖是受人所託，酬勞低者也會提不起勁」等。早川書房繼續在2010年出版《因為不合理所以成功：以行為經濟學掌握人類》(《不理性的力量》，中文版）一書，也獲得好評。接著2012年出版的《詐欺—謊言與欺騙的行為經濟學》(《誰說人是誠實的》，中文版）一書，更直接挑戰「舞弊詐欺」這個沉重的主題。

艾瑞利對詐欺行為研究的重點在於針對**人類的「內心糾結」之處**。所謂的**「內心糾結」之處指的是「動物腦」和「人類腦」的對立**，他指出「動物腦」傾向於做對自己有利的選擇。艾瑞利透過各式各樣的實驗證明舞弊詐欺和犯罪的心理背景都是來自於**自我中心的念頭**。儘管之後有媒體報導艾瑞利的實驗也有不當行為，但他所累積的眾多智慧和見解，仍然對我們在了解人類行為上有非常大的幫助。

◎丹・艾瑞利（Dan Ariely）：生於1967年4月29日，爲杜克大學教授。他有北卡羅來納大學教堂山分校（University of North Carolina at Chapel Hill）的認知心理學碩士與博士學位，同時也擁有杜克大學的管理博士學位，於2008年獲得幽默諾貝爾獎。

第6章

想「冷靜的理性思考」卻發生錯誤的機制和解決方式

行爲經濟學融合了心理學和經濟學的思考，當然也與經濟學有密切的關係。讓我們以行爲經濟學的觀點來分析那些不可思議的經濟現象吧。

不承擔風險也是一種風險

股票！
欸？
就是爸爸發現了會上漲的股票，想要多買。
哼
媽媽考慮到將來的生活，覺得應該實實在在的存錢吧？
哼
妳覺得哪一個對？
你們問我，也太……

等一下。
嗯…欸…這個網站上應該…
3:48
投資的基礎
生涯規畫即是人生設計圖
生涯規畫就是對未來人生的設計圖。
人的一生中
會有許多不同的階段，
像就業、結婚、孩子的教育、購屋等，
這些時候就會有金錢的支出。
因此針對人生各種不同階段的資
怎麼樣？
我覺得
我覺得應該投資。
太好了啊！啊！啊！
欸？什麼??
凜！妳眞的想清楚了嗎？
投資是種賭博耶！
我們家會露宿街頭啊！

我現在試著查了一下，
政府也在推廣「從儲蓄邁向投資」呢！
什麼？
嗯嗯
還有稅金上的優惠呢！
像NISA、iDeCo、企業型DC年金等
但也有可能虧損吧？
可以利用年金來投資，
每年可以帶來不少獲利喔！
聽說已經累積98.1兆日圓
這隨便亂說的吧？不是常有那種虧損幾十兆的新聞嗎？
這應該是賺錢的時候很難變成新聞吧？
而且之後如果發生通膨，
現在的一百萬日圓在十年後可不一定會有一百萬的價值。
也就是說只有儲蓄，錢會愈存愈薄。
呵呵呵。
我覺得不冒險本身也是一種風險喔。
嗯～嗯～

投資一定不會有錯！
錢全拿來投進去吧!!
我絕對會賺錢，不會虧本的啦。
等一下！
我覺得過度討厭風險是個問題，
但聽說過度自信造成的過度交易也很危險。
過度自信
過度交易
那要怎樣才好啦！
我就說別投資了！存錢就好！
你們兩個都很極端耶！
唉……嘆氣……

定期定額投資法
欸……聽說有一種投資法叫做定期定額投資法。
這應該可以降低風險喔！
喔喔
定期定額投資法！
這應該就沒問題了
自認爲能夠從股價的波動預測未來的股價，幾乎都是一種自命不凡的心理。
沒有考慮到買賣手續費等因素，只記得對自己有利的狀況（確認偏誤），很容易陷入自信過剩的窘境。
想要成功的話，面對客觀事實非常重要。
我找到啦！
必勝投資法！
喂～別忘了我們啊！
手續費
稅金
一個月後
太讚啦！上漲囉！賺錢囉！
有賺才是真的！
只上漲了一萬日圓你就賣掉啦？
不放長期的話不是沒意義嗎？
感覺爸爸不大適合……

爲什麼會發生泡沫化？

毫無根據的樂觀預測是罪魁禍首

1.出現價格上漲的趨勢後，讓人們樂觀的預測股價之後應該也會上漲

→**更推升股價**

2.股價上漲造成資產總額提高，刺激消費和投資

→**促進經濟活動活性化，使股價上漲正常化**

人類腦的極限

傳統經濟學認爲人類是理性的動物，會做出最適當的選擇。但因爲「**人類腦**」**有所極限**，深入仔細思考便會得知，人類並不一定會採取理性的行爲。

發生經濟泡沫化和其瓦解的原因

資產市場中發生泡沫經濟的現象也與「**人類腦**」**的極限**有關。如果能由某人來計算出股票等資產的合理價位，就不會引發泡沫經濟。因爲計算股票的合理價位需要縝密細膩的思考和判

3.連以前不買股票的人也開始積極買股

→群衆心理

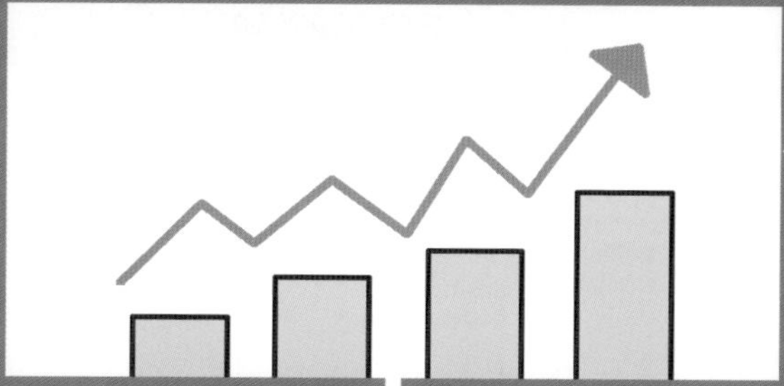

4.股價飆漲到不符合經濟現狀

→產生泡沫

斷，即使投資人多做功課也無法輕鬆簡單的理解。也因爲股票或土地價格沒有一定的基準，受到投資人的樂觀主義和群衆心理的強烈影響便一路飆漲，漲到有人開始察覺這是異常狀態的水準後，整個泡沫在某個時間點上就會瓦解。

財務上的失敗案例和解決方式

因爲「人類腦」有將注意力集中在眼前或身邊事物的傾向，即使想要「冷靜理性的思考」，也有可能犯錯。

在第六章裡，將會從財務的角度介紹失敗案例和預防的方式，各位在了解這種傾向後，在面對相關情形時，應該就會有更好的解決方式。

6-1

那是虛假的幸福？——貨幣幻覺

哪一個情況會讓生活變得比較輕鬆？

以下兩種狀況中，你會喜歡哪一種？

1. 在物價上漲20%的通貨膨脹時，你的薪水上漲10%

2. 在物價下跌10%的通貨緊縮時，你的薪水下調5%

當冷靜下來仔細思考時，第2個選項一定比較划算！但許多人只單純比較「薪水上漲10%」、「薪水下修5%」而選擇1。

↓

【答案】＊在沒有資產和貸款的情況下

1.薪水只調漲10%，但物價已上漲20%，家庭經濟狀況會比現在還要辛苦（10%－20%＝－10%）。

2.雖然薪水下調5%，但物價已下跌10%，家庭經濟狀況會比現在還要輕鬆（－5%－（－10%）＝＋5%）。

1.選項1是減少10%，選項2是增加5%，

2.選項2要來得划算許多！

被眼前價值蒙蔽

從二〇二二年春天開始，全國所有物價調漲，這種全體調漲物價的現象稱爲通貨膨脹、一起調降物價時則稱爲通貨緊縮。一旦發生通膨或通縮導致所有物價產生變化時，會使人產生混亂以至於無法判斷自己的生活狀況到底是變差還是有所改善。

像右側問卷中的選項一，因爲薪水上漲導致感覺生活狀況變好的人似乎不少，但實際上是整體生活狀況變差，這種誤解狀況變化的現象稱爲「貨幣幻覺」（Money illusion）。

要判斷生活狀況是否變好，必須從薪資能購買的物品數量來決定。沒有這個基本知識的話，會被薪資的上漲下跌所蒙蔽而誤判了情況。

「人類腦」非萬能

到目前爲止，本書介紹的錯誤行爲和選項模式，通常都是節約認知所造成。也可以說，就是不使用「人類腦」，在下意識中使用「動物腦」的本能反應行爲才造成的失敗。

但若是使用「人類腦」就能完全採取理性、適當的行爲嗎？這也不一定，因爲「人類腦」有認知的極限，像蒙提霍爾問題（→P146）、機率的計算問題和貨幣幻覺的問題等等，即是以「人類腦」深入思考，沒有一定的知識背景還是很難做出正確的判斷。

尤其是關於股票或投資等理財方面的問題較難理解，就算冷靜理性的思考也難以了解什麼是最適當的選擇，所以容易做出錯誤的決定，在本章中將繼續深入探討這個問題。

即使以人類腦思考也會犯錯的困難問題，若沒有相關專業知識會連自己的誤判都難以發現。必須努力學習正確的知識，才能提升「人類腦」的水準。

6-2 眼光短淺會造成損失
——忽略機會成本

好不容易有賺錢的機會……

有個A小姐喜愛的皮革製品品牌將舉行半價拍賣會。
A小姐得知在拍賣會場有一件自己很久以前就開始注意的錢包，會從定價7000日圓打五折售出，所以決定那天要去參加拍賣會。但其實那天打工的地方缺人支援，正在召集當天可以上班的員工。
如果去上班6小時的話，以時薪1000日圓來算可以有6000日圓的收入。但A小姐卻完全沒有想到這個部分。

賺到3500日圓

賺到6000日圓

↑

只想到這個部分

若A小姐去打工的話可以有6000日圓的收入，但這個選項卻完全從她的腦中消失。

結果她失去了本應選擇、但最終未被選擇的選項所帶來的利益。

被放棄選項的存在

要做出明智的選擇，需要有寬廣的視野，但人類腦不擅長同時思考多個事物。

因此，像在購物時，一旦看上某樣喜愛的商品，便會變得無法和其他產品進行比較和思考，容易陷入「買這個商品或不買這個商品」這種二擇一的局面。

舉例來說，有人在購買公寓時，面臨「新屋還是中古屋」或者「A和B，該選哪一個」這兩種選項的情況。這時，這個買主並不會考慮「與租賃相比哪個較好」。

人類在做出一個選擇時，往往忽略了「已放棄選項」的存在，這種現象稱爲「忽略機會成本」。

這在財務金融領域中尤其重要，時常可見「已放棄選項」所帶來的利益大於「想選擇選項」的利益。

忽視機會成本的選擇並不少見

選擇一個選項等於放棄其他選項。當然，「未被選中的選項」也有其價值，因此它被視爲費用（選擇未被選中的選項本應獲得的利益＝失去的利益），稱之爲「機會成本」。

那些認爲打小鋼珠可以賺錢的人，可能忽略了如果他們在那段時間工作可以得到的工資。由於「人類腦」的認知有所限制，眼界不可避免地會變得狹窄，以客觀的角度來看，忽略機會成本的選擇非常普遍。

因爲我們的能力有限，很難發現自己沒有考慮到的選項。像在思考要不要買房等重大決定時，建議和了解相關領域事物的人多加討論後，再下判斷。

6-3

哪一個「划算」呢？

——投資人不可思議的行為

應該買哪間公司的股票呢？

- 眾所周知的優良企業
- 現在的業績很好
- 在熱門領域有所發展
- 企業管理者很優秀

↓

股價高

從其他人不買、股價相對便宜的股票中，尋找未來具有潛力的公司股票購買，是在投資策略上相對聰明的選擇。

相信有人會覺得「買優良企業的股票有什麼不對嗎？」但優良企業的股票價格通常偏貴。

所謂的偏貴，並不僅是和其他股票相比價格較高，而是以未來預期獲利和計算出的合理股價互相比較也「偏貴」。

因優良企業通常會發較多股息，股價偏高也是理所當然。但股價太高的公司也很多，並不一定稱得上「物超所值」。

投資的重點極爲單純

當購買**股票**成爲該企業**股東**後，該企業便會分配部分盈餘爲股利並分發給股東。股票之所以有價值，**正是在將來能領取股利的這個部分**。通常經營狀況良好的企業，因市場預期它會發出較多股利，股價也會偏高。

而股票投資的重點非常單純，就是考慮購買的公司股價若低於預估股利的價值就可以買進，若高於預估股利者則賣出。只要堅守在股價便宜時買進、股價上漲時**賣出的原則，應該就不至於虧損**。

專業投資者也容易掉入的陷阱

但是在選擇投資標的時，一般人通常偏向選擇「投資經營狀況良好的公司」、「投資會賺錢的公司」。

如果「經營狀況良好的公司」、「會賺錢的公司」的股價都較便宜的話也不會有太大的問題，但很可惜的是這種優秀公司的股票因爲**人氣太旺，通常價格都很高**，若只挑選這樣的股票投資，是不太理想的判斷方式。

這樣不理想的思考方式並不是只有投資經驗不足者才會這樣做，連經驗豐富的專業投資人也常犯下相同的錯誤。

造成這種不當判斷的原因是，根據未來股利、計算股票合理價位這一件事對「人類腦」來說非常困難，因此很難及時發現自己做出錯誤的判斷。

雖然要準確得知合理股價非常困難，但參考企業資產規模、營業利潤和股利的歷史分配記錄來判斷股價是否被高估或低估，再決定投資與否的價值投資法（Value Investing），也是一種相當有效且知名的投資策略。

6-4 以爲「自己有買賣的天賦」——過度自信

看出虛幻的股價漲跌規律!?

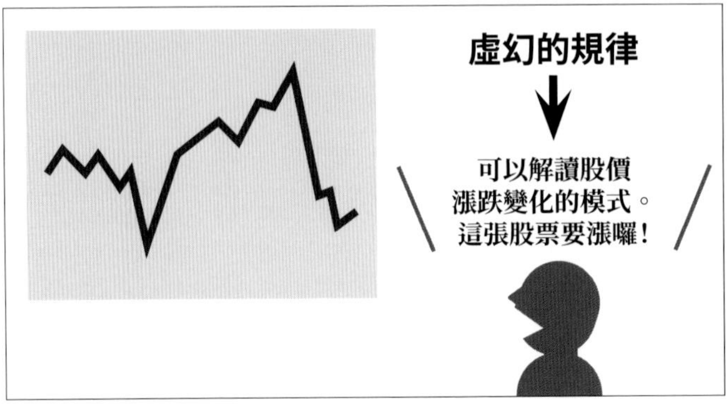

從多年在財經領域的研究可以得知，想要以股價線圖來預測股票未來價格，幾乎是不可能的任務。但是投資者往往深信自己可以分析出其中的規律。

過度自信的機制

獲利者	損失者

獲利者	**損失者**
「太好了!這就是我的實力啊!」	「都是運氣不好!太倒楣了!」
對賺錢的痛快感印象深刻	**忘掉不愉快的回憶**

這樣持續下去的話…

由於交易手續費等因素，
投資表現比普通投資人還差，
但自己卻沒有發覺，
還認爲自己有買賣股票的天賦。

幾乎沒有規則可言的股價

人類有對股票或投資進行怪異判斷的傾向，其中有一項是稱爲「**過度自信**」的行爲。

許多人在看了顯示股價走勢的線圖後，便開始覺得自己可以預測股價的變化。因爲似乎能從中掌握某些股價變化的規則，愈是投資經驗豐富的人愈可能產生自己能夠預測股價走勢的錯覺。

然而，**實際上幾乎不可能從線圖預測股價的漲跌**，這已是在財經領域中研究多年得到的事實。雖然機率不完全是零，但線圖分析中常使用的預測方式，幾乎不可能預測股價的走勢。

即使如此，我們還自認爲能看懂線圖中的固定模式並從中產生自信進行投資。在股票交易中擁有過度自信，**認爲自己可以預測實際上不可知的事物，這種行爲便稱爲「過度自信」**。

實際上是虧損？

過度自信會使人高估自己的能力，並開始頻繁進出交易市場。當預期股價上漲時便買進，預期股票下跌時賣出，這樣的交易模式會導致頻繁支付交易手續費。從客觀的角度來看，這些頻繁進出股市者，實際上的虧損大於長期持有股票的投資者。

過度自信本身不一定是壞事，可以保持高度的自尊心、對任何事情都會積極主動的採取行動，並具有優秀的決策能力和執行力。但**在投資股票方面，幾乎只會產生負面效應**，因此需要特別留意。

據研究顯示，男性荷爾蒙睪固酮較高的人容易有過度自信的傾向。也有報告指出，過度頻繁交易的人中，男性占大多數，請特別注意避免過度交易。

下跌的股票難以脫手——股票投資中的沉沒成本詛咒

賣出時機？買進時機？

**投資者傾向於股價上漲時及早售出股票，
股價下跌時則繼續持有，這稱為
「處分效應」（Disposition Effect）。**

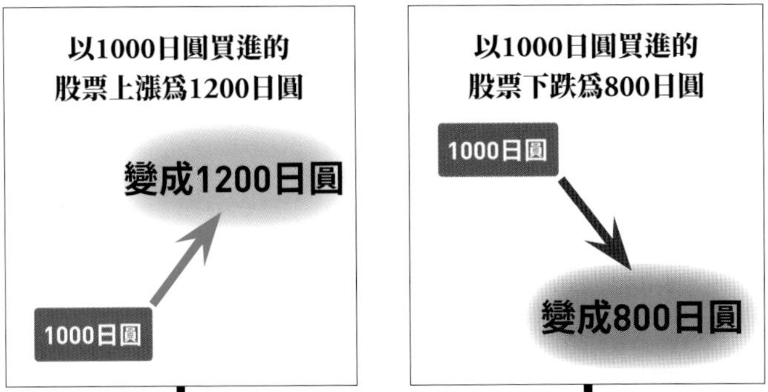

因爲價格上漲
可以賣出

因爲價格下跌
無法賣出

買入股票的價格是沉沒成本，
股票買賣行爲受此影響，
是典型的沉沒成本詛咒。
順帶一提的是股價走勢有些微的
慣性，就是上漲時會繼續上漲，
下跌時便傾向持續下跌。
眞的要說股價漲跌規律的話，
就是下跌時要儘早賣出，
也就是儘快認賠，
會是較好的處理方式。

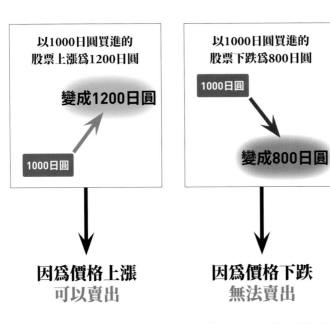

爲了培育優良的枝枒，剔除品質不佳者

在投資的世界裡，一般認爲「減少損失，擴大獲利」是一種良好的投資策略。這種觀念類似於栽培植物時，爲了培養優質的新芽而摘除生長狀況不佳的嫩苗。然而，許多投資者卻經常採取相反的行爲。

具體舉例來說，購買的股票價格上漲到高於買入價格時，人們很容易十分高興的馬上賣掉這張股票，即是「獲利了結」。相反地，若是股價跌到低於買入價格時，便很難放手賣出。

例如，如果以一千日圓購入的股票價格上漲到一千二百日圓，我們通常會毫不猶豫的賣出。但是，如果一千日圓的股票價格下跌到八百日圓時會是什麼情形呢？人們通常都難以割捨，這種傾向被稱爲「處分效應」。

這正是投資股票時的「沉沒成本詛咒」。（→P144）

何謂理想的投資？

理想的投資，應該根據目前價格和未來預期的獲利做出決定。

但，即使是優秀的法人投資者也很難讓買進的所有股票全都獲利。與其有這種不理性的期待，還不如把要賣出股票的這些資金分散投資到未來更有可能獲利的股票上，這樣整體的獲利金額可能還較高。

然而，我們往往在股票交易上受限於買進價格。而令人傷腦筋的是當股價低於買入價格時，不僅無法賣出，還可能進一步加碼購入，這就是所謂的「攤平」，在下一頁中將對此行爲進行更詳細的說明。

股票投資時，無法立刻顯現出結果，而且又充滿不確定性，因此自行判斷往往難以得出良好的結論，建議可向信賴的專家諮詢。

6-6 忍不住想買現值跌到低於買入價的股票——攤平

攤平的機制

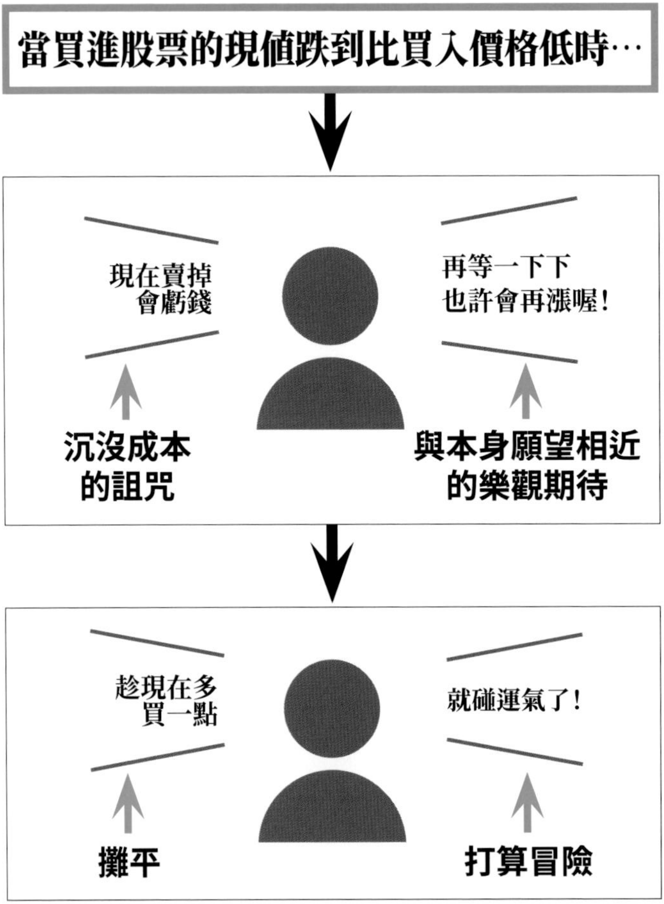

當買進股票的現值跌到比買入價格低時…
現在賣掉
會虧錢
再等一下下
也許會再漲喔！
沉沒成本
的詛咒
與本身願望相近
的樂觀期待
趁現在多
買一點
就碰運氣了！
攤平
打算冒險

當股價跌得比買進價格還低時，
會因沉沒成本的影響啟動「厭惡損失」
的心理，導致無法賣出。

一旦這種心理過於強烈，
就會根據自己的樂觀期待
做出危險的判斷！

厭惡虧損的心理

所謂的「攤平」是指，股價跌破買進價時，進場買進、愈跌愈買的買賣行爲，但連經驗豐富的投資者也容易犯此錯誤。這是什麼原因呢？

第一個原因是「**沉沒成本詛咒**」的心理（↓P144）。當股票的現值跌到比買入價格還低時，人們的心中會產生「現在賣掉的話就會虧錢」、「不想承認自己的失敗」等強烈感受，而無法賣掉跌價的股票。**股票投資上獲利或虧損的判斷決策受到過去成本的影響，而無法展望於未來可能獲得的利益**。

另外一個原因是**人類特有的**「**一旦虧損就可輕鬆承擔風險**」**的心理**。**人類只要一發生了損失，實際上也不會太過排斥這個損失再度擴大**。因爲既然已經虧損，就放手一搏的再追加投入資金。和自暴自棄的賭徒，也就是第四章中提到的賭徒謬誤（↓P116）是相同的現象。

將有利於自己的樂觀預測視爲眞實

而賭徒謬誤現象通常會再加上**有利於自己的樂觀期待**一起加入戰局（樂觀偏誤，第四章第六節）。一旦想像股價會再漲得比購買價格高的狀態時，就會更加誤以爲發生這種情形的機率很高，導致產生「既然這樣就趁便宜時多買一點」、「那就來平均一下這張股票的買進價格好了」這樣的想法，**被有利於自我狀況的樂觀預測影響，繼續投入資金購買該股票**。

這樣的心理作者自己也曾經發生過，所以十分了解。當買入的股票價格下跌時，心情飽受衝擊充滿虧損的無奈。但當這種衝擊的感受麻痺後，又會再發生前述幼稚的行爲。

股票價格的波動屬於機率問題，所以攤平的做法也有可能成功。但因爲人們通常認爲預測準確是自己實力堅強，一旦預測失準便覺得是自己運氣不佳，所以用攤平的方式投資股市者通常都很難發現自己的問題所在。

6-7

羅伯·席勒

爲什麼會發生「毫無理由的狂熱」——泡沫化的機制

泡沫化的機制

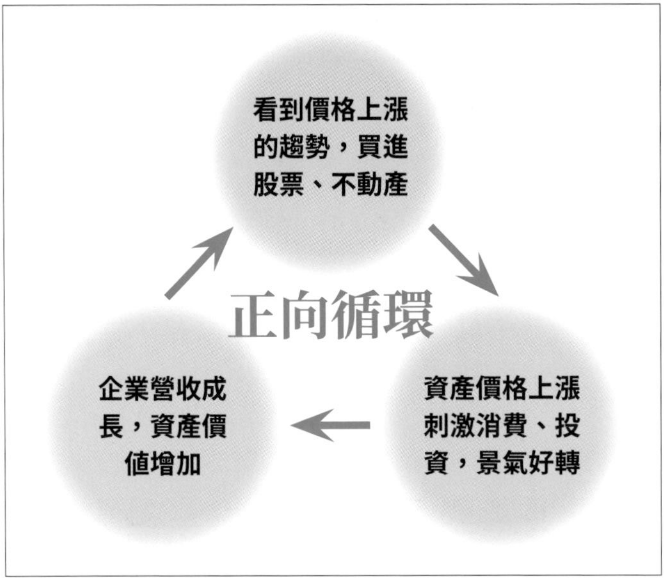

因景氣產生正向循環，資產價值增加的狀況持續一段時間後，大衆便會開始投資

↓

泡沫化

資產價值增加到異常的水準

日經平均股價 1949年～2015年

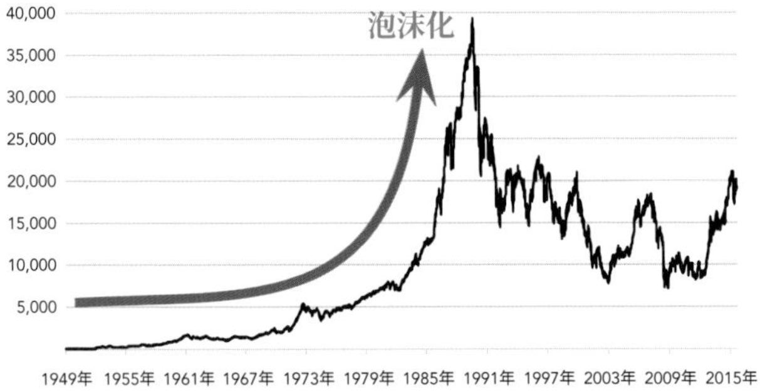

爲什麼會發生泡沫化？

一九八〇年代後期，日本的不動產和股票市場發生**資產價格上漲到超出正常價位的異常泡沫現象**。因投資而賺進大把鈔票的人們積極消費的結果，使得景氣過熱，產生「**泡沫經濟**」的現象。**進入一九九〇年後，股票價格開始大幅暴跌**，不動產價格也隨之下跌，日本經濟因此陷入長期的不景氣狀態。

發生泡沫經濟的基本原因在於，即使人類腦盡心全意的思考也**很難掌握資產價格的合理標準**。但即使無法了解**合理價格**，從過去的股價趨勢判斷如果看起來會上漲的話，人們就會買進股票，感覺會下跌的話便會賣出。在某個偶然的機會下，人們的學習本能發現股價會持續上漲的趨勢，因此產生未來「股價會持續上漲」這個毫無根據的錯誤假設。即便如此，只要人們這麼想並買進股票，股價就會上漲，股價一旦上漲便會刺激消費和投資使企業的營收增加、飆高的股價因人們期待和希望的自我實現心理而變得正常。當如此正向循環持續下去時，從來不買股票的人也開始買進，受**群衆心理**的影響，使得股票價格被推升上漲至遠遠超過正常水準。

泡沫經濟發生後才開始尋找原因

因泡沫經濟的影響過於廣泛，人們便開始研究爲什麼會產生泡沫現象？泡沫爲什麼會破裂？人們在泡沫經濟發生之後，以後見之明認爲因政府政策和技術創新等因素，泡沫經濟的產生和破裂看起來就像是註定會發生的現象，殊不知導致泡沫經濟的眞正原因是人類不理性的行爲。

泡沫經濟現象在全世界都曾經發生。時間最久遠的，可以從荷蘭的鬱金香球莖開始說起，近來則是虛擬貨幣的價格也不斷反覆暴漲和暴跌，人們應留意不要被泡沫現象左右了自己的判斷。

投資時容易發生的各種行爲〈總整理〉

忽略機會成本 ➡P.166

當做出某種選擇時，就會有被放棄的選項。當被放棄的選項可以獲得的利益（機會成本）大於選擇選項所取得的利益時，最好不要做這個選擇。當不得不從多個選項中選擇其中一個時，應該與其他所有選項多做比較後再決定爲佳。

只購買知名企業的股票 ➡P.168

很多人有偏好購買知名大企業股票的傾向，但優秀企業的股票通常價格偏高。並不僅是與其他股票相比價格較高而已，而是以將來預期獲利計算出的合理價格相比，還是偏貴。因爲現在有許多股票即使考慮到可分配較多的股息，但還是高出合理價格許多，並不一定是性價比高的股票。

過度自信導致過度交易 ➡P.170

人們在投資時往往想從不規則的股價變動中找出幻想中的規律，並想運用這個規則獲利。認爲自己可以預測股價的波動是因過度自信造成的錯覺。而我們已知想要從些微的股價波動中獲利而不斷重複買賣股票行爲的投資者，其實際獲利比長期持有股票者的獲益率要來得低。

攤平 ➡P.174

當投資人持有的股票價格跌到比買入價格低時，又再度出手買進該股票的行爲稱爲「攤平」。會造成這種現象有以下幾個心理因素，第一個是「現在賣掉的話就虧錢」的沉沒成本詛咒。第二個原因是「再等待一下或許就會上漲」的樂觀期待。第三個因素是因損失導致對風險感到麻痺，只想「豁出去一決勝負」。

「時間的差距」和「不確定性」是人類不擅長掌握的兩個因素。投資原本就是一種現在投入資金，期待在將來能夠獲得利潤的行爲，而未來又具有高度的不確定性，於是這兩個因素導致人們做出不理性的行爲。

無法用標準理論解釋的案例研究

行爲金融學是行爲經濟學的一個分支，因爲股票市場中接連不斷發生無法用標準理論解釋的異常（Anomaly）案例而產生了這門學科。行爲金融學拋棄傳統金融理論中「人類會採取合理行爲」的前提，改以眞實人類的行爲假設來探討股市發生異常現象的原因。

經濟學家柏頓．墨基爾（Burton Gordon Malkiel）於一九七三年發表的投資學經典名作《漫步華爾街》中，也運用客觀的數據證明了許多進行當沖交易的投機者使用金融理論完全不推薦的投資方式，而實際上其投資表現也不理想，使這本書成爲歷史上的暢銷書。

行爲金融研究的成果衆多，這本書最有價值的地方是明確指出「投資時容易犯下哪些錯誤」。

大多數「這樣做就能賺錢」的都是錯覺

在右頁總整理中提到的，是其中的代表案例。儘管我們的行爲如此不理性，但自己卻很難發現。在進行投資或資產配置時，往往會產生「這樣可能會賺錢」的想法，但實際上大多數都是錯覺。

在投資或資產配置上應該不受損益波動的影響，儘可能擴大視野，以宏觀的角度採取分散投資的策略是非常重要的關鍵。

雖然我們表面上似乎在深思熟慮，事實上卻沒有這樣想，但自我意識到這一點，應該可以讓我們做出明智的投資決策。

在經濟學領域中，金融學這一部分是行爲經濟學發展最爲迅速的領域。這是因爲投資時需要做的判斷是一個複雜難解的問題，即使由「人類腦」充分詳加思考後，仍會犯下錯誤。

不買股票者面臨的問題——不承擔風險本身也是風險

過度厭惡風險也可能帶來虧損

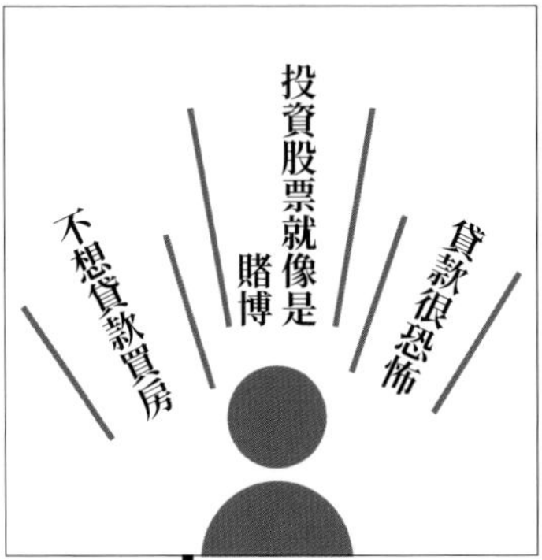

過度厭惡風險

投資股票有風險雖然是一個事實，但可以降低風險。若過於在意風險的可能性，便是放棄承擔風險能取得更大利益的機會。

景氣好或通膨時…

當景氣持續攀升時，承受適當風險並繼續投資的人會有較高的所得，但沒有投資股票的退休金收入就相對變低，這時才開始發現損失了機會成本（→P.166）。

投資股市的獲利率比銀行存款的利息高出許多。對價格波動的金融商品，經常性的投入固定金額購買的定期定額投資者，會有較大機會在10年、20年後，點滴累積出比銀行存款更龐大的資產。

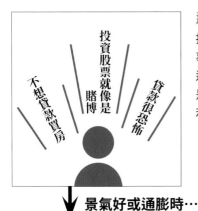

選擇無風險眞的是明智之舉嗎？

投資和儲蓄等理財相關行爲，對人類而言極具挑戰性，原因在於有許多不確定的因素。很多人可能會認爲「股票跟我沒有關係」，不僅限於年長者，一般社會中有許多人對理財相關事務抱持十分保守的態度，他們認爲「投資很恐怖、我才不投資」、「我才不用信用卡」。

然而，不去理財眞的是一個明智的選擇嗎？儘管我們的本能會告訴我們「不要碰股票」、「房屋貸款很危險」，但**世界上眞的有毫無風險的選擇嗎？**

投資確實存在風險，但透過大範圍分散投資標的進行風險管理，或者分散投資部位到股市、基金、債券等各種不同的產品種類，**都可以降低風險**。

嘗試擴展行動範圍

財務金融相關研究者建議「購買投資商品等請長期持有」、「不必太在意獲利或虧損，每年定期投入固定資金」等行爲。也就是說這表示人們不從「人類腦」思考，**也可以透過學習學術研究的成果，安全有保障的運用資產和進行儲蓄**。當然，被「動物腦」的本能掌控，選擇「不碰股票，不負債，不辦房屋貸款」也是一種方式，但人生只有一次不會重來，住進自己想住的房子再還清房貸也是一種可能的選項。

選擇不冒險可能會捨棄承擔適當風險帶來的龐大利益。各位何不學習接觸行動金融相關的知識來拓展自己的選擇範圍呢？

投資詐騙是蓄意針對「人類腦」的弱點進行的犯罪行爲。學習投資理財相關的金融知識不僅是爲了增加自己的資產，也是爲了保護自己免於犯罪威脅的必要方式。當有無法理解的狀況時，請向專業人士諮詢。

行爲經濟學家⑦

羅伯·詹姆士·席勒

獲得諾貝爾經濟學獎的行動金融先驅

羅伯・詹姆士・席勒（Robert James Shiller）是帶領行為經濟學發展的行為金融學研究先驅之一，為耶魯大學教授。在2013年時，因對資產價格的實證分析有所貢獻而榮獲諾貝爾經濟學獎。

席勒的代表作《非理性繁榮》（*Irrational Exuberance: Revised and Expanded*）在2000年3月出版時，正值美國網際網路相關股票泡沫破裂之前，席勒的警告在全美造成了轟動。

當時美國股票市場的股價很明顯地處於泡沫化狀態，顯然應該會有一次大規模的盤整。席勒指出，引起股市泡沫的是人類不理性且毫無根據的行為和情緒，且對「有效率的市場」此一經濟理論提出質疑和警告。其著作在2005年再版時繼續指出股票和房地產這兩個泡沫，確立了以「人類行為並非總是理性」為前提的行為經濟學式泡沫經濟學。

於2009年時與獲得諾貝爾經濟學獎的經濟學學者喬治・亞瑟・艾克羅夫（George Arthur Akerlof）一起發表共同著作《動物本能》（*Animal Spirits*），除了批判傳統經濟學理論外，並指出總體經濟學必須以「人類」為研究主軸。席勒整合了20世紀最偉大的經濟學者約翰・梅納德・凱因斯在代表作《就業、利息和貨幣的一般理論》（*The General Theory of Employment, Interest, and Money*）中提出的動物本能一說和自己研究行為經濟學的成果，分析解釋陷入危機的現實社會經濟狀況，並主張「金融學不是為了賺錢的學問，而是研究人類的行為」。

◎羅伯・詹姆士・席勒 生於1946年3月29日。是耶魯大學斯特林經濟學系教授(Sterling Professor of Economics)。於1972年在麻省理工學院獲得經濟學博士學位，並因「資產價格實證分析」的卓越貢獻於2013年獲得諾貝爾經濟學獎。

第 7 章

未來的行爲經濟學

行爲經濟學可以爲人類帶來幸福生活的智慧。
在全新生活型態不斷出現、充滿多樣性的現代社會中，
行爲經濟學在未來會有什麼樣的發展呢？

我回來囉！
姊，妳回來啦！
欸？
怎麼了？
今天不是發薪水嗎？
怎麼沒有買些東西回來啊？
是啊！
之前不是都會犒賞自己買些東西嗎？
這樣一說，我不是最近開始不亂花錢了嗎？
實際上啊——
咚

我是看你們的用錢方式，然後重新檢討自己的！
我在他身上花了金錢和時間，不想分手啦！
緊急
快
快
股票！
什麼？你剛不是才換了三千圓嗎？
還是請妳給我零用錢吧！
我買了好東西呢！
菜單
我們是在花錢沒錯，但總是有種被錢擺布的感覺。
特價
清倉大拍賣
都一千日圓
折50%
所以現在我決定，只有真正需要的東西，
我才決定購買。
錢包的負擔也不會太大

會持續到什麼時候呢？
哈哈
哈哈
我會堅持下去的！
大概…
叮～
凜有成長了呢！
在凜背後有一隻無形的手，
我決定不要亂花錢了！
可能已經發現了動物腦的存在。
如果能夠面對自己不理性的行爲，並試圖解決這個問題，
一定會有更好的選擇出現！

接著，讓我們以行爲經濟學的觀點來觀察一下現在的世界吧！
這樣就能了解防止新冠肺炎傳染的方式和俄烏戰爭，
也與人類不理性的行爲有關。
例如，因新冠肺炎疫情而導致離婚率增加的
新冠離婚現象。
新冠離婚
因新冠肺炎疫情的影響，我們的日常生活被強迫改變爲非日常的狀態。
因人類大腦在非日常的緊急狀態下認知能力負荷大增，再加上大腦持續使用運轉壓力倍增，
生活中的所有壓力便會傾洩在伴侶身上，因此，夫妻感情不睦導致離婚的案例也多了起來。

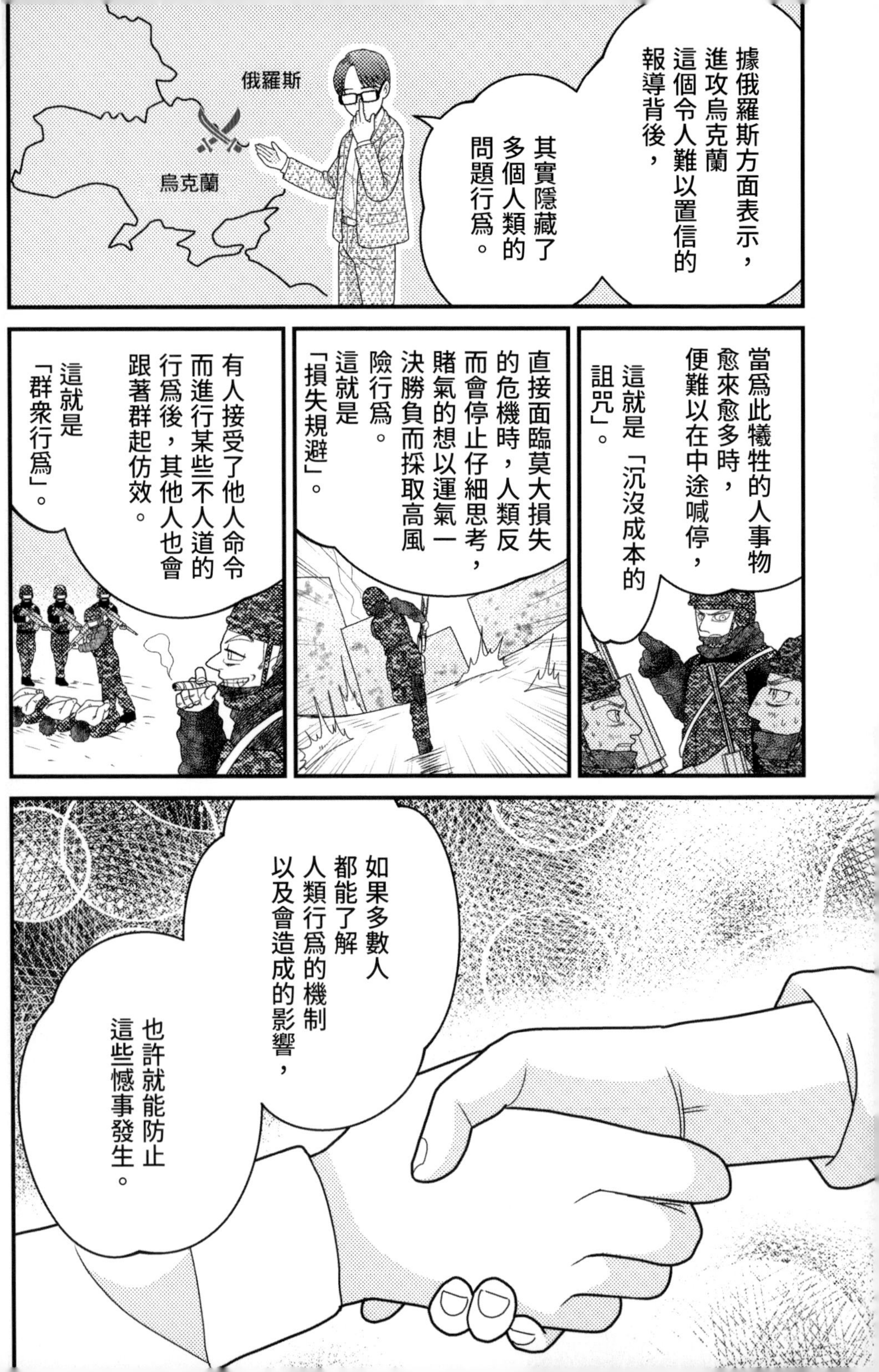

據俄羅斯方面表示，進攻烏克蘭這個令人難以置信的報導背後，
其實隱藏了多個人類的問題行爲。
俄羅斯
烏克蘭
當爲此犧牲的人事物愈來愈多時，便難以在中途喊停，
這就是「沉沒成本的詛咒」。
直接面臨莫大損失的危機時，人類反而會停止仔細思考，賭氣的想以運氣一決勝負而採取高風險行爲。
這就是「損失規避」。
有人接受了他人命令而進行某些不人道的行爲後，其他人也會跟著群起仿效。
這就是「群衆行爲」。
如果多數人都能了解人類行爲的機制以及會造成的影響，
也許就能防止這些憾事發生。

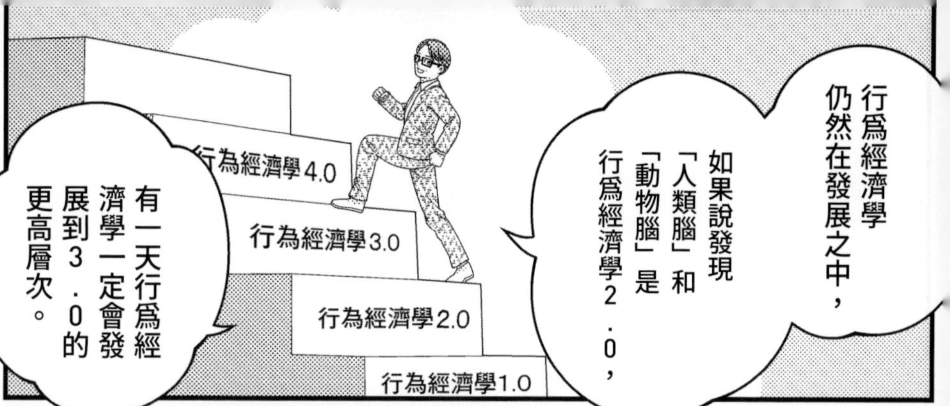
行爲經濟學仍然在發展之中，
如果說發現「人類腦」和「動物腦」是行爲經濟學２．０，
行為經濟學4.0
行為經濟學3.0
行為經濟學2.0
行為經濟學1.0
有一天行爲經濟學一定會發展到３．０的更高層次。

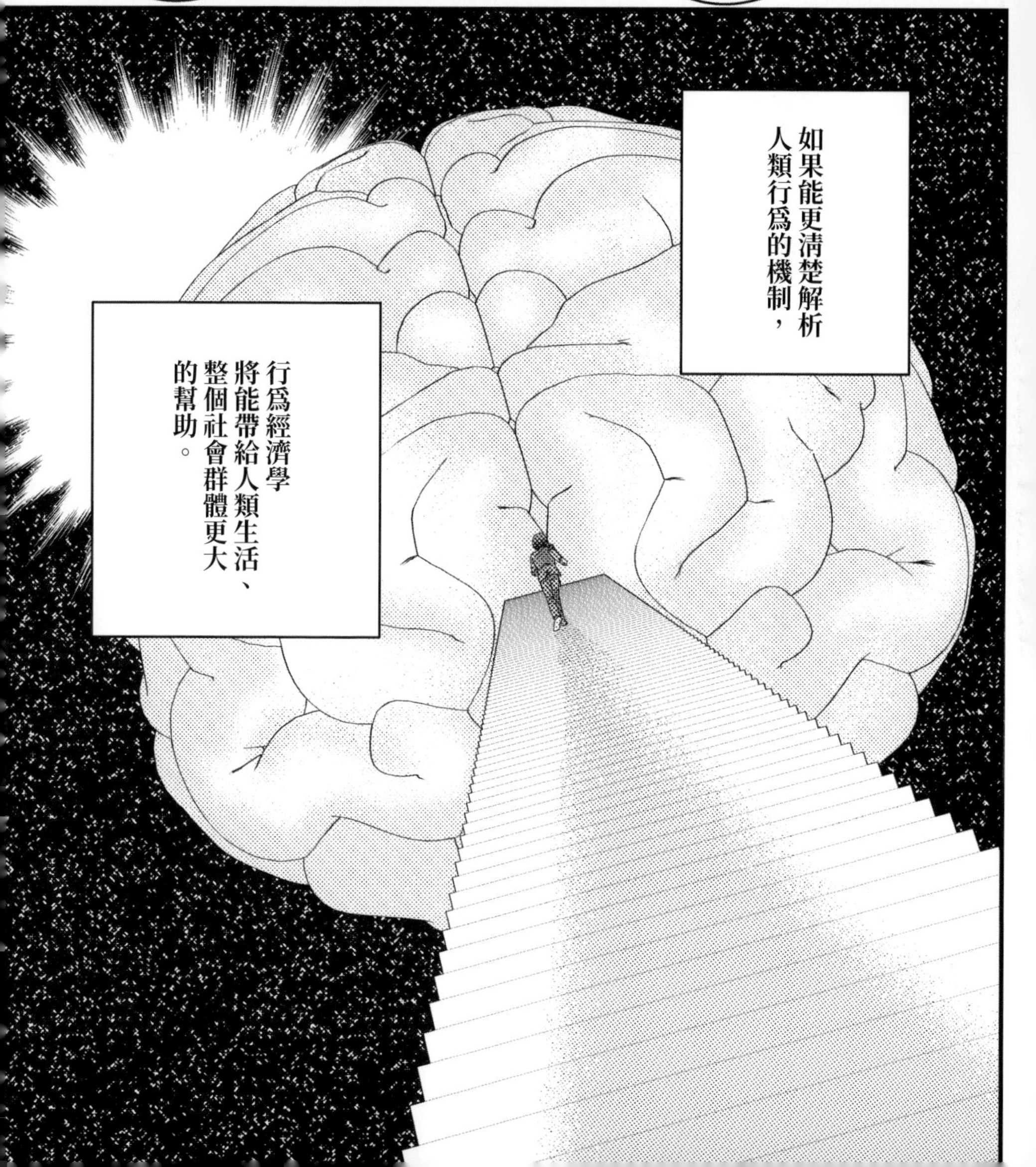
如果能更清楚解析人類行爲的機制，
行爲經濟學將能帶給人類生活、整個社會群體更大的幫助。

以行爲經濟學解讀現代社會不可思議的現象

——邁向行爲經濟學三・〇

現代社會與行爲經濟學

提到這五、六年間發生的大事，
應該就屬新冠肺炎肆虐全球、俄烏戰爭爆發和
日圓異常升值等事件。當世界上發生以上這些問題時，
人們往往容易產生不理性的行爲。
與行爲經濟學理論互相對照之下，
即可理解發生這些現象的原因。

維持現狀偏誤和新習慣
→P.196

認知性壓力和難以解釋的行爲
→P.192

口罩缺貨是
利己行爲的結果
→P.194

以行爲經濟學改變對世界的看法

到目前爲止，我們面臨了新冠肺炎大流行、俄烏戰爭、通貨膨脹等，之前從未發生過的許多狀況。許多人不知如何面對這種情形而感到擔憂煩惱。

第七章裡，將試著以**行爲經濟學二・〇**的角度來了解這樣的現實狀況所產生的問題。

從二〇二〇年開始延燒的新冠肺炎疫情，爲人類帶來許多壓力和負擔。因外出旅行和用餐的機會急遽降低，因疫情產生的離婚和外遇情形也有所增

通貨膨脹和參考基準點
→P.202

推力理論和防止新冠肺炎傳染的方式
→P.198

理解多樣性和行爲經濟學3.0
→P.204

「動物腦」和「人類腦」的戰爭
→P.200

加，口罩等防疫用品的短缺和搶購也成爲一大問題。二〇二二年又爆發俄羅斯進攻烏克蘭的戰爭、全球的消費者物價指數也節節上漲。在這樣混亂紛擾的世界局勢中，以行爲經濟學二・〇的理論相對照，也可以改變看待事物的觀點、加深對整個局勢的理解。

行爲經濟學的智慧不僅能用來理解這些社會問題，人們也開始注意到可以運用行爲經濟學的研究成果來研擬解決問題的對策。在擬定防止新冠肺炎傳染的方式時所運用的「推力」理論，就是一個具代表性的案例。

接著，會再介紹行爲經濟學的新趨勢，**但因人類的行爲十分多樣，新版行爲經濟學三・〇將會以理解行爲多樣性和了解與自己不同行爲的他人思考模式上，做更進一步的發展。**

7-1

在新行爲模式的影響下，無法避免發生的狀況——認知性壓力

爲什麼在新冠肺炎流行時離婚和外遇事件會增加？

新冠肺炎流行時，人們常常接二連三地提出新行爲模式建議

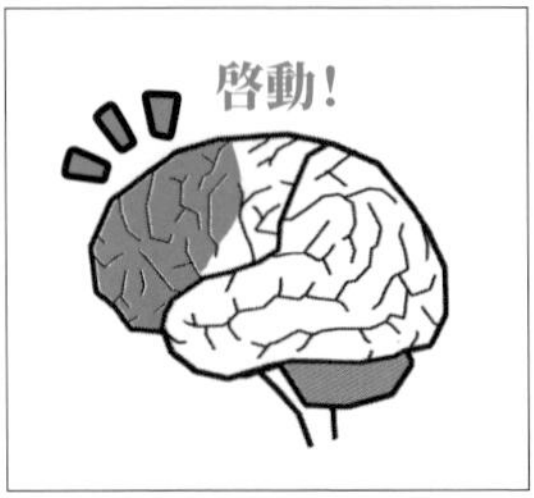

接二連三發生新事件，啓動「人類腦」開始運作

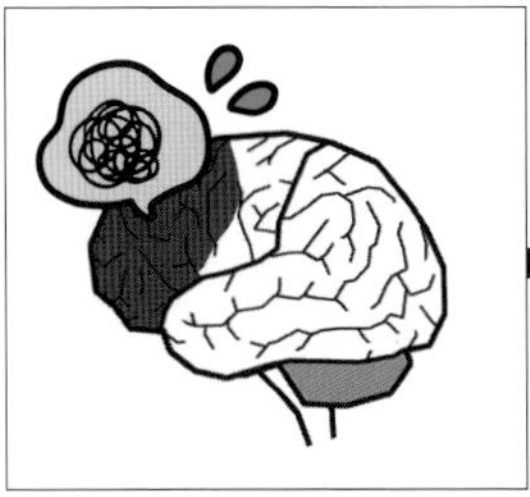

一旦啓動「人類腦」，就必須詳加思考處理，增加了大腦認知上的負荷

因爲壓力的影響，變得無暇體貼他人

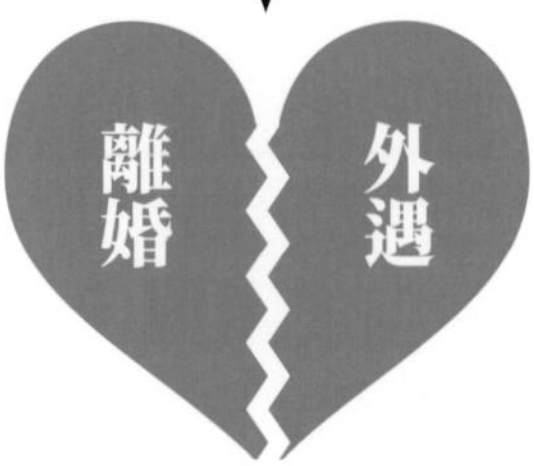

新冠離婚・新冠外遇

因新冠肺炎疫情的影響，使得離婚和外遇的機率增加。這是因爲疫情時，需要用非日常時期的全新思考方式和行爲模式來處理事物而產生認知的壓力，如此一來，使得平常還能有體貼對方的餘裕消失無蹤，衝突漸增。

認知壓力的嚴重性

從二〇二〇年開始，新冠肺炎肆虐全球，人們的行動範圍也因此受到各種前所未有的限制。

像無法外出、必須時時刻刻緊戴著口罩、不能去辦公室上班、和家人相處的時間變長和無法去旅行……等等。

人們平時自動進行**節約認知**的行爲，無需太多思考就能處理日常生活，但因爲必須預防新冠肺炎傳染，無法持續進行從前不加思索、理所當然的日常行爲後，變成不得不**啓動「人類腦」來思考許多事情**。

與平常不同的狀況，會給人們帶來沉重的認知壓力負擔。雖然現在多數人已習以爲常，沒有什麼感覺，但從二〇二〇年春天開始到夏季時，許多人因龐大的焦慮情緒和身心疲憊承受著莫大的壓力。

在充滿壓力的情況下容易感到煩躁，失去關心他人的體貼，可能變成會向重要的家人朋友發洩不滿、增加不信任感，理性的力量也可能變弱。從新冠疫情延燒後開始，離婚和婚外情的案件增加，由此可知，**認知負擔壓力**的確存在。

自主休息可有效減緩壓力

在認知負擔加重的時候，自己可以嘗試稍作休息和放鬆。當注意到自己的生理上感到疲勞、以及心理和認知上的倦怠、疲憊時，你的整體狀況會變好、更容易面對這些問題。

對於在臉上表現出不悅的人，若能理解「因爲現在的情況感到煩躁也是正常的反應」，或許也會改變與對方相處的方式。

當環境或狀況改變時，若自己可以理解「現在對人類而言是不輕鬆的時候」，而打開參考基準點的開關重新定位，好好善待自己和關心周遭的親友，相信各位都能以溫暖體諒的心共同度過這個難關。

7-2 任性行爲造成的社會秩序混亂——自我主義的風險

當發生緊急狀況時，人類會任性而爲的原因

當壓力增加時，控制欲望和衝動的理性力量會變得薄弱。

當焦慮的心理和壓力增強時，控制欲望和衝動的理性力量就會變弱。

↓

只能看到眼前的好處和需求，使缺貨的狀況惡化。防疫用品缺貨會產生困擾的明明不只有自己，但還是去搶購口罩和酒精囤貨。

快篩試劑、口罩、酒精等防疫用品被搶購一空的藥局貨架

當焦慮成爲現實的可怕之處

正如本書在開頭提到，當新冠肺炎疫情初期時，會發生人們大量搶購口罩和酒精等防疫用品而造成缺貨的狀況。

確實，在此之前市場上充斥著國外生產的不織布口罩，在無法進口的情況下，口罩需求變得迫切也是事實。然而，如果每個人都只購買自己所需的數量，或許全國民衆都有可能買得到口罩。

由於人們會焦慮「如果買不到口罩該如何是好」，因此也出現購買了比所需數量還多好幾倍的人。這樣一來，使得口罩短缺的情況又更加嚴重，導致大家焦慮不安的狀況成眞，眞的出現買不到口罩的窘境。

當「自己會不會也買不到口罩？」的焦慮不安變成眞實情況，便會出現連親朋好友使用的份量也想一起購買的人，或看到口罩價格上漲想藉由轉手售出來賺取價差的人。

自私行爲的風險成爲現實

在社會上，如果人人都進行**利己的自私行爲，就會使整體社會的利益受到損害而陷入兩難的困境**。爲了防止發生這種情況，人類社會有一種**禁止自私行爲的文化**，通常每個人在平時都能夠用理性的力量抑制自私的衝動和欲望，採取**有利於他人**的行爲方式。

然而，當不安和壓力加劇時，理性的力量會變得薄弱，即使知道這樣做是不好的舉動，採取自私行爲的人們也會增加。口罩的搶購囤貨現象是因新冠肺炎疫情引起的不安和壓力，實際引發這種自私行爲風險的負面案例。

抑制自私利己行爲的文化在日本似乎特別強烈。在新冠肺炎疫情初期出現「自律警察」，對可能導致高風險傳染的行爲者加以私人制裁，正是這個文化的象徵。

7-3 人類眞的不喜歡改變——維持現狀偏誤

新冠疫情帶來的改變

新型冠狀病毒在全球肆虐，成為改變
人類生活的莫大契機。而改變也分成
可讓社會拓展出更多可能性的正向變化
和可能為社會帶來不良影響、令人憂心的負面改變。

讓社會拓展出更多可能的正向變化

- 遠距工作
- 線上會議
- 錯開上下班時間
- 非現金支付
- 線上醫療

爲社會帶來不良影響、令人憂心的負面改變

- 降低聚餐頻率
- 建立人際關係
- 取消集會活動

↑

必須留意

因新冠肺炎影響而普及的新習慣

一般來說，人們都**不喜歡改變**，**有偏好保持現狀的維持現狀偏誤**。這是因爲**人們在心理上很明顯的會對變化帶來的負面損失和影響產生厭惡的情緒**，也就是有**損失規避的傾向**。

由於新冠肺炎的流行，人們被迫改變日常行爲。每個人一**開始對這種改變，應該都感受到莫大的壓力**。然而，當新的生活習慣持續了一段時間後，便會認爲這種狀態是理所當然，要**再恢復疫情之前的生活狀態反而讓人覺得困難**。

在新冠疫情流行之前，遠距工作、線上會議、錯開上下班時間等措施原本就是政府和民間企業都想推動的改革工作型態內容，但因爲**維持現狀偏誤**等原因導致難以普遍實行。而因爲新冠疫情的流行，讓這些改革工作型態的想法瞬間在社會上得以實踐。雖然在習慣之前可能會覺得有點辛苦，但習慣這種生活型態後也能感受到它的許多優點，待疫情穩定後這些社會習慣應該也還會保留。

另外，對維持人際關係有一定效果的聚餐宴會等飲食習慣頻率降低，也是令人十分擔憂的變化。

持續戴口罩的日本人

接著來討論一下配戴口罩的習慣吧。

在二〇二二年底，國外多數人都已經沒有配戴口罩的習慣，但日本的街頭卻幾乎人人戴著口罩。雖然可以說一旦戴口罩變成理所當然的事，因維持現狀偏誤的影響持續戴口罩的人也很多，但值得注意的是，**其他國家的人也會有維持現狀偏誤的情形**。爲什麼會產生這種差異呢？關於這一點將在P204中詳細解說。

有許多像戴口罩這種因國情不同而產生極大差異的社會習慣，有一部分可能因爲人類模仿學習的本能引起從衆行爲或群衆心理，進而在偶然的機會下形成一種大衆的習慣。

7-4

理查・塞勒

不刻意提醒而能保持社交距離的巧思——輕推理論

溫和勸導、不強制規定人們的行爲

什麼是輕推……

巧妙運用人類行爲的偏好和特徵，不強制規定人們行爲的溫和勸導機制。輕推用於各種情況，包括針對新冠病毒感染的措施。

在地板貼上腳印標示或等間距的膠帶，便能在不強制的情況下，引導人們排隊時自動保持社交距離。

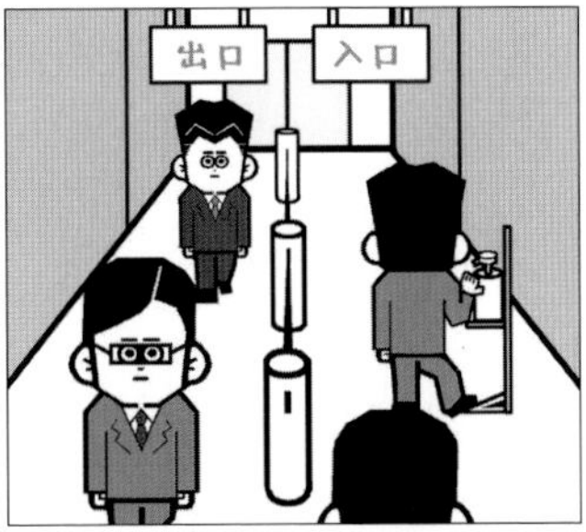

將兩個出入口分成出口和入口，並規定只能以單方向前進。如此一來，即使沒有強制規定，訪客也會在進入大樓時自發性地使用酒精消毒。

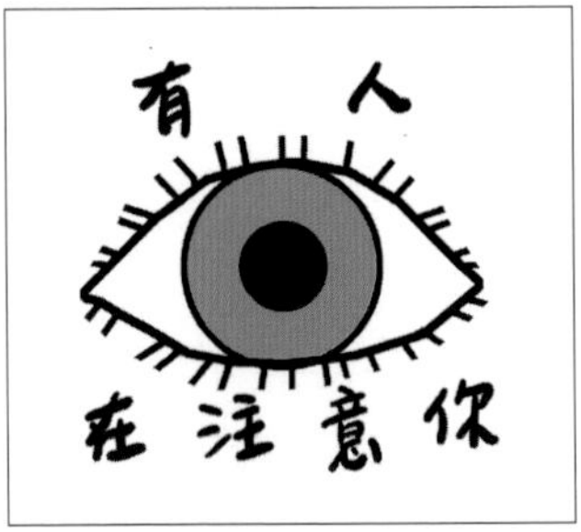

讓人們覺得有人在監視自己的話，就不會做壞事。例如畫有眼睛的海報即有降低犯罪率的功能。

善用人們「不想服從懷疑自己的人，但若是信任自己的話，遵守一下也無妨」的心理，督促人們遵守禮節。

按照足跡標誌排隊

從新冠肺炎疫情開始流行之後，在超市或便利商店的收銀檯前常會看到地板上貼著腳印的圖示或等間距的膠帶。**這便是以行爲經濟學爲基礎，將柔性的社會經濟政策「輕推」理論運用在防止新冠肺炎傳染的方式上**而有顯著的成效，進而引起大眾的關注。**「輕推」即是巧妙運用人類行爲的偏好和特徵，不強制規定人類行爲的引導機制**。

引導進行期望的行爲

如果以上的措施變成強制規定人們行爲的社會經濟政策，會變成什麼樣的情形呢？人們恐怕會因爲多種強硬專制的規定感到不悅，進而遭來許多無預期的反感、反制聲浪和作爲。因此運用「輕推」理論能引導人們自動自發地選擇進行期待的行爲。

像收銀檯前的腳印圖示就是很好的例子。即使一直口頭叨唸提醒「請與周圍的人保持距離」，可能也不會有人搭理，但只要在大家排隊的地板上貼個膠帶，就算沒有強制規定，人們也會保持一定的間隔排隊。

引導大眾進行正確的行爲

另一個酒精消毒的例子也很常見。即是將兩個出入口分成一個是出口專用、另一個則是入口專用，並在入口處放置消毒酒精。如此一來，即使在入口處沒有專人負責提醒，幾乎所有人都會自動使用酒精消毒。因爲在新冠疫情期間前述案例的廣泛應用，使得輕推理論和行爲經濟學的運用範圍更加寬廣。

日本社會中有很強烈的從眾壓力，因此如果大眾都在做某種行爲，個人也會自動跟隨著群體行動。日本的疫苗接種率十分高，也是這個原因。

輕推理論透過捕捉人類各種巧妙複雜的心理成功引導人們的功能，希望不只限於運用在預防新冠肺炎傳染上，今後在各個領域中也都能有更廣泛的應用。

7-5

人類在某種情況下會變得異常殘忍——俄烏戰爭

為什麼人類會犯罪？

動物腦（本能）

討厭因為不遵從
命令而被處罰

想選擇適合自己、以自我利益為主要考慮的選項
「不想因為不遵從命令而受到處罰」

人類腦（理性）

身而為人，不能殺人乃是
最基本的常識

身而為人，不想犯錯
「不可殺人」

掙扎

在戰爭時的異常狀況

哇!!
碰！碰！
碰！碰！

雖然平時能以理性控制本能，但控制的強度會隨狀況而產生變化。如果是在戰爭時這種非常時期，「動物腦」的力量便會戰勝「人類腦」而取得勝利。

不可以殺人

從二〇二二年二月二十四日開始俄羅斯進攻烏克蘭，相信應該有許多人對這件事有各種各樣的疑問。

爲什麼普丁會進攻烏克蘭呢？爲什麼俄羅斯軍隊可以輕易殺死鄰國的百姓呢？爲什麼俄羅斯人民不反對侵略烏克蘭呢……

人類除了有「**想要滿足自我欲望**」**的利己本能思考之外，也有**「**人類應該有這種行爲**」**的自我規律**存在。「不可以殺人」的想法，是一種生而爲人便必須遵守的規範，此種自律行爲由理性所控制。但即使平時能以理性的力量控制本能欲望，**理性的力量也會因爲許多外在條件的影響而敗下陣來**。

尤其是發生在戰爭時這種特殊的情況下，極可能做出平時無法想像的行爲和錯誤的判斷決策。第二次世界大戰時的德國和日本，也可以說是相同的情形。

引發戰爭的人類行爲機制

針對以上的諸多疑問，社會心理學和行爲經濟學學者也著手開始進行研究，哪些因素會促使人類做出不人道的行爲。

像前述內容中有提過，**人類一旦被迫陷入龐大損失的風險時，會因爲想要規避此風險而採取極度危險的舉動**。當接受他人命令或其他人也進行相同行爲時，**人們內心對非人道行爲的反感和罪惡感也會逐漸變得薄弱**。依照各種情況的不同，很可能每個人都會變得殘暴不堪。

俄羅斯人會做出如此令人難以理解的行爲，也能運用行爲經濟學理論進行分析而得到合理的解釋。

雖然提出反對戰爭的訴求和譴責戰爭也很重要，不過，從人的行爲科學（含行爲經濟學）來研究人類的哪些行爲會引起戰爭，以及如何預防與結束戰爭才是根本。

7-6

康納曼

日本人對通膨發生過度反應的原因——參考基準點

日本通貨膨脹的情況還算不嚴重的原因

俄羅斯進攻烏克蘭

↓

能源價格高漲
引發全球通貨膨脹

↓

在日本因「瓦斯費好貴！」、「物價上漲！」引起民眾熱烈討論。但事實上日本的通貨膨脹率比歐美各國來得低。

↓

爲什麼會產生過度反應呢？

日本人反應過度的原因

從二〇二二年年底開始，因**俄羅斯入侵烏克蘭的影響**，許多民生用品或固定費用都陸續調漲。因戰爭導致能源價格飆漲的關係，不僅只有日本，全球每個國家都發生通貨膨脹的現象。美國爲了抑制通膨而升息，導致日圓貶值的狀況加劇，能源和進口商品價格大幅上漲的情況使日本人民苦不堪言。

不過，**從世界各國的經濟狀況觀察，實際上，日本的通貨膨脹率與歐美各國相比並不算太高**，但日本人民爲什麼會出現難以接受的情形呢？

這是因爲日本的物價已經有很長一段時間沒有調漲。企業或消費者，都對長期以來未曾變動的價格開始調漲而有強烈的不滿。國內企業又比國外企業對調漲價格的決定感到苦惱，儘管與其他國家相比，屬較爲溫和的通膨，但日本的消費者卻感到難以接受，這可能是因爲**日本人的通貨膨脹率參考基準點比其他國家低的關係**。參考基準點設定方式的高低差異，會大幅度改變人們對世界的看法。

不降低生活水準的方法

由於這次的通膨是因爲能源價格飆漲和進口商品價格提高，日本國內生產的商品價格便變得相對便宜。

如果還是持續進行**認知節約，以「動物腦」維持和從前相同的消費模式，即使國內產品價格下降，生活水準還是會受到很大的影響。這是一個需要善加運用「人類腦」來思考如何聰明節省日常生活支出的地方**。

如果能以理性善加判斷、聰明而有智慧的節省開支，應該能夠將通貨膨脹導致生活水準降低的影響控制在一定範圍內。

當參考基準點設定過高，就會對現況感到十分焦慮且煩躁不安，且會對處於嚴峻狀態中做出艱難決定的企業表示相當不滿。希望我們可以稍加調整參考基準點的設定範圍，心平氣和度過這個危機。

各國文化的多樣性

例1 日本人和口罩

亞洲文化圈裡，有在冬天或在春天花粉飛散的季節裡戴口罩的習慣。歐美國家中原本就沒有戴口罩的文化。

↓

「爲了全體社會的利益，就算犧牲個人利益也應該盡力協助」是日本社會的普遍思維，但其他國家並不存在這種思考邏輯，而是認爲「保護好自己和維護社會利益是同樣重要的事」。

例2 轉賣者眞的是壞人嗎？

日本有許多人對以不當行爲謀取利潤者感到厭惡。

↓

有投資和拍賣文化的歐美國家認爲「買低賣高」是種高尚的藝術。世界上有各式各樣、種類繁多的文化和思考模式，是只用遺傳基因多樣性無法充分解釋的範圍。

新行爲經濟學

爲什麼日本人還戴著口罩呢？這個問題牽涉到亞洲文化圈和歐美國家在口罩文化上的差異，還有日本社會中存在強大從衆壓力等多種因素。

目前的行爲經濟學主要研究「**多數人共同顯現出來的行爲特徵**」，然而，社會中卻存在著很多無法從遺傳角度解釋的龐大**多樣性**。在這樣多元的社會中，有各式各樣的人存在，我們也時常被那些展現難以理解行爲者所困擾。

但是，認定那些採取不人道行爲的俄羅斯軍人「想法很怪異」或「跟自己是不同種生物」並無法解決任何問題。**詳加思考人類爲什麼會採取那種行爲的原因**，才是重要的關鍵。

轉售是高尚的藝術

研究某個國家的文化、歷史、民衆普遍的性格傾向和宗教信仰觀念的差異，**並探討解讀其多樣性，正是行爲經濟學的新趨勢**，本書把這樣的現象稱爲「**行爲經濟學三・〇**」（↓P191）。

例如，在日本會毫不留情地批評轉售模型、公仔玩具等的轉賣者，但歐美各國卻對大量轉售電玩遊戲的孩子讚賞不已，稱讚道「怎麼會有那麼聰明的孩子！」

這是因爲日本人討厭用不適當的手法獲取利益的行爲，但在有投資或拍賣文化的歐美國家，則覺得「買低賣高」是一種高尚的藝術。

讓我們一起試著更加了解這個多元的世界。這樣一定可以改變自己對社會中許多事物或現象的看法。

根據慶應義塾大學大垣昌夫教授的研究顯示，可以從宗教信仰中世界觀的角度，理解國家、種族的文化差異和個人行爲的不同。

7-8

喬治・艾克羅夫

你了解自己是什麼樣的人嗎？——身分認同經濟學

身分認同制約了行爲

傳統的行爲經濟學

- 完全合理
- 完全理性
- 完全利己

人類會根據不同的情況做出最適當的選擇。因此不會產生行爲多樣性。

↓

但實際上，服裝的穿著、食物的選擇和言語、行爲等地方充滿了多樣性的存在。

喬治・艾克羅夫教授

認爲這是因爲「身分認同的差異」

因性別、人種、職業和社群等的不同，各自定義了「自己應該有什麼樣的言行舉止」，而人類便依照這個準則採取行動。

爲何會有民族性的差別？

民族性指的是一個國家的人民在思考和行爲方式的特徵，因國籍不同，思考方式和行爲模式也各有差別。爲什麼會造成這種現象呢？

民族性是由社會上「人應該做這樣的行爲」、「應該這樣思考」的一些約定俗成、基本認知和文化等因素建立而成的思考行爲模式。隨著這些社會常規深植於「動物腦」中形成習慣，人們逐漸變得不需要太多思考就能採取行動，因而產生了民族性的差異。

自己是什麼樣的人？

因爲規範行爲的思維模式並非絕對單一的標準，實際上，在同一個國家裡也會有多種不同思考方式的人一起共存。

榮獲諾貝爾經濟學獎的行爲經濟學者喬治・艾克羅夫教授（George Akerlof）指出「**每個人的身分認同都將制約個人的行爲**」。

傳統經濟學認爲人們會對每種情境做出最適當的選擇，所以不會產生「行爲多樣性」。然而，在實際生活情境中，人們對服裝、食物的選擇和言語行爲上都充滿了極大的差異。因此喬治・艾克羅夫教授指出「**自己認爲自己是什麼樣的一個人**」的這種「**身分認同**」，**是造成個別差異的原因**。

因性別、人種、職業和所屬社群等的不同，各自影響「自己應該有什麼樣的言行舉止」，而人類便依照這個準則採取行動。由於宗教也包含在身分認同中，**因宗教世界觀產生的人類行爲差異**也是一個重要的部分，且是一個備受矚目的議題。

同一團體的人們有一致的身分認同、相同的行爲傾向，是人類學習模仿的本能和群衆心理因素的結果。但這項結果並不一定是最適當的選項。

7-9

亞伯拉罕・馬斯洛

在相同條件下，難以滿足的原因？——馬斯洛的需求層次理論

馬斯洛的需求層次理論

這是一種以金字塔型的視覺化方式，說明當人類低層次的需求獲得滿足後，便會追求更高層次需求的現象。

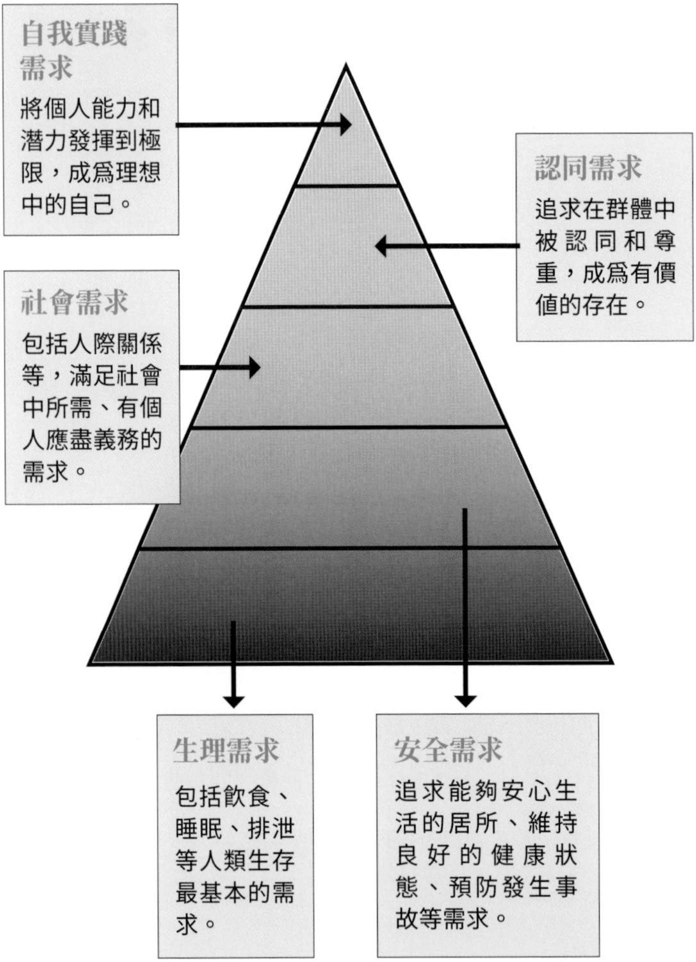
自我實踐需求
將個人能力和潛力發揮到極限，成為理想中的自己。
認同需求
追求在群體中被認同和尊重，成為有價值的存在。
社會需求
包括人際關係等，滿足社會中所需、有個人應盡義務的需求。
生理需求
包括飲食、睡眠、排泄等人類生存最基本的需求。
安全需求
追求能夠安心生活的居所、維持良好的健康狀態、預防發生事故等需求。

人的需求會隨著不同的階段而改變。身為領導者，透過溝通，試圖理解員工的需求是應具備的態度。若誤解員工的需要，即使想管理，也難以達到預期的工作效果。

人類的「需求」有五個階段

行爲經濟學三．○是理解人類多樣性的行爲經濟學新趨勢。現在將爲各位介紹的「**馬斯洛需求層次理論**」新概念，目前雖然不屬於行爲經濟學的主要研究領域，但已經受到衆多經濟學者的關注。

「**馬斯洛需求層次理論**」是心理學者亞伯拉罕．馬斯洛（Abraham Maslow）提出的自我實踐思考方式，是一個將人類的需求**分成五個階段的理論**。

人類從求得生存最基本的「生理需求」開始，依序有「安全需求」、「社會需求」、「認同需求」和「自我實踐需求」等多樣的需要。**當低層次的需求獲得滿足時，便會尋求更高階層需求的滿足**。

傳統經濟學中爲了簡單扼要的論述，認爲「人是爲了金錢而工作」，但我們卻不得不重視這個假設與現實社會中實際情況間的落差。

馬斯洛指出，目前以勞動成果爲基礎並支付薪資的「績效制」人事制度，雖是爲了激勵人們的生產力和動機而制定，但在實際上**無法達成預期的效果**。

人們對工作的要求

每個人對工作的要求都有所不同。薪資當然是其中一項重要的考量，一旦成爲企業的一分子、在裡面工作後，也有人期待能藉著工作獲得職場中人們的認同、能實踐人生的目標和夢想。什麼是你工作的目標呢？

當需求的層次不同時，在同樣條件下有人會積極的工作，也有某些人則意興闌珊。在理解「工作需求」的多樣性後，馬斯洛的需求層次理論，將來應該也會在行爲經濟學領域裡備受重視。

在「馬斯洛需求層次理論」中，需求並不會依序輪流出現，而是會不斷產生更高層次的需求，並有其他許多的理論假設。可見關於人類需求這部分的研究裡，還有許多未知待解的謎團。

丹尼爾・品克

引起動機的方法——動機三・〇

能持續引起動機的方式

作家丹尼爾・品克指出
要使知識型勞動者自發性的產生工作動機，
需具備三要素。

對工作感到疲乏，提不起興致。
在網路上閒來盪去，想些與工作無關的事。
這與幹勁十足、積極工作的人
有什麼不同呢？

動機3.0必備的三要素

自律
Autonomy
自己能決定工作的方式

嫻熟
Mastery
能透過工作有所成長

目標
Purpose
不僅是「爲了自己」而工作，擁有工作的目標

重要的是能以自己決定的方式工作，並透過工作而有所成長。另外關於「為了什麼而工作」這一部分，不僅是為了自己，而是還有更遠大的目標等待自己去完成。只要具備這三個條件，就能以更積極正面的態度迎向工作的挑戰。

動機從何而來？

應該有許多人煩惱著爲什麼明明眼前的工作堆積如山，卻一點也沒有想動手開始工作的欲望呢？也就是有**無法找出工作動機且難以持續工作熱情的問題**。

「要怎麼樣才能提升每位員工的工作成果呢？」從以前開始，在管理學的領域中便著手研究有什麼方法能提高工作者的動機和生產力。

在《動機，單純的力量》（*Drive: The Surprising Truth about What Motivates Us*）一書中，美國作家丹尼爾．品克（Daniel H. Pink）將先前人類工作動機的相關研究結果定義如下：**動機一．〇屬於生理性質的動機**。研究者認爲人類爲了想「延續生命」或「使公司、團體持續運作」等滿足生理需求的目的而產生動機。

動機二．〇則是屬於「外在動機」。例如「因爲獎金金額提高，所以要多加努力」、「社長命令要提升業績」這些外在獎勵機制或潛在的懲罰制度而引起人們的動機，也就是成果主義的展現。

眼前的胡蘿蔔無法讓兔子跑得更快

丹尼爾．品克將傳統理論中引起動機的方式定義如前述兩者之後，提出動機三．〇的說法。如同右頁中已提到的內容，品克認爲想要使知識型勞動者「從內在自動引發工作動力」，必須滿足三個條件。如果只是單純的想以眼前的胡蘿蔔引誘員工賣力，而沒有滿足三要素的需求，還是無法讓知識型勞動者爲企業效力，甚至會有反效果。

目前行爲經濟學的研究多主要基於成功案例的經驗法則，相信在未來對此相關機制的研究也將會更深入並有所進展。

動機3.0是以馬斯洛需求層次理論等動機相關研究成果中，簡單歸納後所做出的重點摘要。由此可知，現代的知識型勞動者對工作的要求並非只是滿足低層次的生理需求，而是有更高層次的需要和期待。

7-11

丹尼爾・品克

自己的能力可以發揮到什麼程度？

——心態設定

動機影響心態設定

在工作和學習上的動機，會因為個人的
心態設定而有所改變。
心態設定是以目前為止的
經驗累積為基礎，再加上
個人的性格與思想、判斷事物的標準
和主觀意識等形成的整體思考模式。

能力已天生注定，再怎麼努力
也不會有太多改變
【僵化的心態設定】

↓

害怕失敗而不努力
【動機無法提升】

能力會依照努力程度有所提升
【柔軟的心態設定】

↓

不畏懼失敗繼續努力
【持續擁有高度動機】

心態設定並非不能改變，
而心態設定也能改變行爲

行爲經濟學3.0，對影響動機產生多樣變化的心態設定相關研究十分重視。積極向前、充滿幹勁的人認爲「只要努力，自己就會有所成長」，但消極不努力的人則認爲「即使努力，能力也已先天註定、無法再有成長」。若改變心態設定，行爲也會隨之改變。

能力是與生俱來的嗎？

不論是成年人每日著手從事的工作，或是孩子們面對課業或生活中的各種學習，都可以看到有兩種截然不同態度的人，一種是積極進取、充滿好奇心，另一種則是消極敷衍、提不起幹勁。

在二〇一六年發表《心態致勝：全新成功心理學》心理學者卡蘿．杜維克（Carol Dweck）指出「能力的心態設定」會因人而異，但這是決定能否產生動機的重要關鍵因素。

個人心態上認爲「自己的能力是天生注定，由基因遺傳而來，即使再怎麼努力也不會有什麼改變」的人，會因害怕失敗而不努力。另外，心態上認爲「努力可以提升自己能力」者，則會努力勇敢挑戰、不畏懼失敗，即使失敗也不退縮的積極向前。

杜維克指出，這種思維方式的差異**也會影響職場中，人們的行爲和人際關係**。

爲什麼會產生多樣性呢？

「人們是怎麼想的？」這個疑問，是一個與人類特有的大腦運作相關的問題。

像你是怎樣的人、你的能力是否會因努力而改變、上帝是否存在、人的本性是善還是惡，這些問題永遠沒有正確答案。也可以說，**因此每個人都有可能有不同的答案，也就此產生了行爲的多樣性**。然而，儘管多樣性的重要日漸受到重視，但**意識型態分裂卻造成嚴重的社會問題**。

作者認爲正視這樣的新型社會經濟現象，進行深入研究以理解人類的行爲，將成爲未來行爲經濟學的新趨勢。

那些認爲「自己無法改變」的人，往往容易放棄與自己不適合的人往來。而那些相信「自己可以改變」的人，即使與個性不那麼適合的人相處，也會努力維持彼此的交情。兩種心態設定不同的人，因此產生了差異。

追求更幸福的生活——幸福的行為經濟學

對生活是否感到滿意？

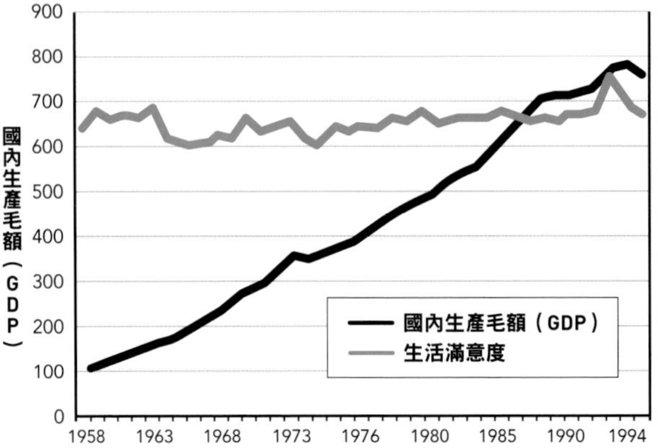

資料出處：《佩恩表》（Penn World Tables）和《世界幸福報告》（Database of Happiness）。引用自總務省統計局之「國民經濟計算」，作者製表。

上表顯示日本的國民所得和根據問卷調查得知的日本國民平均生活滿意度的變化。每人的國內生產毛額指的是因應物價變化調整後每位國民的實質收入。從上表可得知：每人的實際收入雖然持續往上增加，但人民的滿意度，也就是幸福感受卻幾乎沒有往上成長。

工作是否有趣？

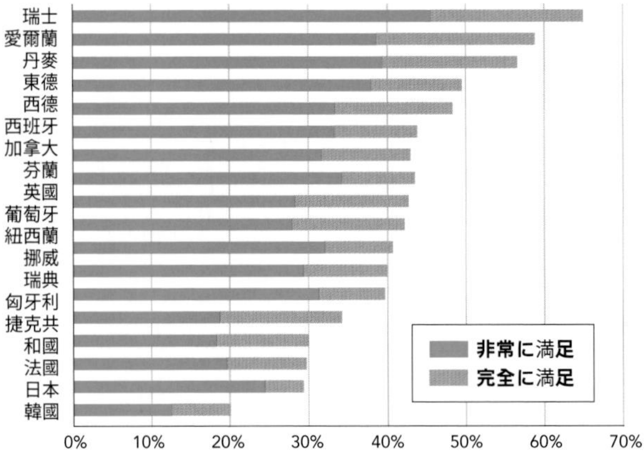

資料出處：《國際社會調查計畫》（International Social Survey Programme，ISSP），作者製表。綜合滿意度「非常滿意」和「完全感到滿意」者的比例

上表是關於日本勞動者滿意度的調查結果。由此可知，在參與經濟合作暨發展組織（Organisation for Economic Cooperation and Development，OECD）的各國中，日本的勞動者滿意度僅領先於韓國，為倒數第二名。雖然日本的人均國民生產毛額仍位於世界之首，但日本人卻幾乎無法從工作中感受到幸福。

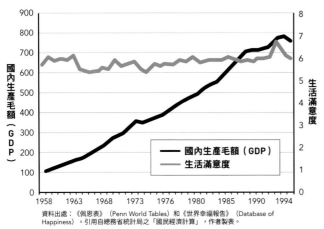

經濟成長能帶來幸福嗎？

傳統經濟學認爲經濟的成長和安定，以及國民所得穩定增加，是最能讓人感到幸福的方式。然而，在許多國家中，儘管國民所得和國內生產毛額增加，國民的生活滿意度卻幾乎沒有提高。此外，在有關勞動者滿意度的調查中，日本在經濟合作暨發展組織各個國家中排名爲倒數第二，僅次於韓國。

經濟成長眞的爲我們帶來幸福嗎？對這個單純的問題感到疑惑的行爲經濟學和社會學的研究者們，藉著更進一步的研究，逐漸解開人們一直以來對**幸福的誤解和偏見**。

我們將這種相關研究稱爲「**幸福的經濟學**」，也是行爲經濟學三・〇的新趨勢之一。

幸福是行爲經濟學的目標

根據**馬斯洛的需求層次理論**表示，人們追求的不僅僅是低層次的物質條件不虞匱乏，當這些需求獲得滿足時，人們會繼續追求更高層次欲望的滿足。這個理論爲人們帶來了一個啓發，讓我們知道如何能讓自己變得更幸福快樂。此外，研究中還發現，幸福的感受程度也受到**參考基準點**的影響。當我們生活變得豐足無虞時，參考基準點也隨之提高，使得人們難以感受到幸福生活的喜悅。

基於前述研究的結果，各個政府部門也開始關注，要怎麼樣才能實踐足以讓人民感受到幸福生活氛圍的社會環境。

讓所有人都能享受幸福愉快的生活是行爲經濟學的目標，雖然目前還有很長的路要走，也請各位繼續關注未來的研究成果。

幸福快樂的生活應該是每個人的期望，卻有許多人不了解自己應該要怎麼做才能獲得幸福？人類正因爲不完全理性，才有其可愛之處，而這也正是人類最眞實的樣貌。

重要語句　索引

2字

4字

5字

6字

7字及以上

數字

結語

非常感謝各位讀者讀完本書。不知道各位讀完後有什麼感想呢？也許會有讀者覺得「這不像經濟學的書，比較像介紹心理學的內容」或是「原本以為書中會有更多關於經濟學的介紹」。

實際上，筆者也認為本書書名以行為經濟學為題，就應該以理解經濟現象為主要目標。但只有理解人類行為並無法完全了解整體的經濟現狀，還必須能掌握整個社會經濟的架構。另外，以同時學習、研究社會經濟體制和人類行為的自己來說，筆者認為現今社會裡最欠缺的就是對人類行為的了解。理解社會經濟的架構當然是非常重要的一件事，關於這方面的研究和一般社會大眾對此的理解也逐漸在進步之中，但關於人類行為這方面仍尚有許多未解的謎團，需要繼續做更深入的探討，能了解本書介紹的理論和內容的讀者應該也還是少數。

我們的社會因為有各種不同專長和個性的人們互助合作才得以富裕繁榮。相信各位已經知道分工合作的優點，而為了能在學校、企業和各地安心學習、工作、和生活，與周遭人們建立信賴合作關係的重要性也是不言而喻。但現代社會裡似乎有愈來愈多人對維持以上關係感到焦慮不安。筆者認為這或許是眾多人們感覺困惑不已、不知所措的原因。想要與他人建立信賴關係，最重要的關鍵就是要能理解人類的行為。如果無法理解對方，對方也不願意理解自己，雙方的信任關係將難以建立。

人類是不完美的生物。我們會忘記重要的約定、會猶豫不決，也會犯錯和失敗。如果能以這樣不完美、不理性的人類形象做為參考基準點，就不會為了一點小事而生氣，甚至還會覺得這些行為有點可愛。如果本書能為各位讀者對生活在充滿困惑、焦慮不安的現在有所幫助，筆者將深感欣慰。

川西 諭

TOP 028

看漫畫讀懂行為經濟學

マンガでわかる行動経済学

作　　者　川西 諭（監修）、星井博文（漫畫原作）
作　　畫　松尾陽子
漫畫編輯　MICHE Company LLC
譯　　者　陳維玉

責任編輯　魏珮丞
封面設計　謝彥如
內頁設計　渡邊民人、谷關笑子（TYPE FACE）
內頁排版　JAYSTUDIO
總　編　輯　魏珮丞

出　　版　新樂園出版／遠足文化事業股份有限公司
發　　行　遠足文化事業股份有限公司（讀書共和國集團）
地　　址　231 新北市新店區民權路 108-2 號 9 樓
郵撥帳號　19504465 遠足文化事業股份有限公司
電　　話　(02) 2218-1417
信　　箱　nutopia@bookrep.com.tw

法律顧問　華洋法律事務所 蘇文生律師
印　　製　呈靖印刷
出版日期　2024 年 10 月 16 日初版一刷
定　　價　400 元
I S B N　978-626-98844-3-8
書　　號　1XTP0028

Supervised by Satoshi KAWANISHI
Cartoons by Hirobumi HOSHII, Yoko MATUO and MICHE Company LLC
Illustrations by Takeshi NUMATA
Interior design by Tamihito WATANABE, Shoko TANISEKI (TYPEFACE)
First original Japanese edition published by IKEDA Publishing Co.,Ltd., Japan.
Traditional Chinese translation rights arranged with PHP Institute, Inc.
through AMANN CO., LTD.

國家圖書館出版品預行編目(CIP)資料

看漫畫讀懂行為經濟學 / 川西 諭 監 ; 陳維玉 譯 . -- 初版 . -- 新北市 : 新樂園出版, 遠足文化事業股份有限公司, 2024.10
224 面 ; 14.8×21 公分 . --（Top：028）
譯自 : マンガでわかる行動経済学
978-626-98844-3-8（平裝）

1.CST：經濟學　2.CST：行為心理學　3.CST：漫畫

550.14　　113013304

新樂園
Nutopia

・新樂園粉絲專頁・